임덕규 신앙강좌 시리즈 10

구원 얻는 신앙이란 무엇인가?

What is the Saving Faith?

The Essence, Function, Kind and Assurance of Faith

신앙의 본질, 기능, 종류, 그리고 확신

임덕규 지음

기독교문서선교회

기독교문서선교회(Christian Literature Center: 약칭 CLC)는
1941년 영국 콜체스터에서 켄 아담스에 의해 시작되었으며
국제 본부는 영국의 쉐필드에 있습니다.
국제 CLC는 59개 나라에서 180개의 본부를 두고, 약 650여 명의
선교사들이 이동도서차량 40대를 이용하여 문서 보급에 힘쓰고 있으며
이메일 주문을 통해 130여 국으로 책을 공급하고 있습니다.
한국 CLC는 청교도적 복음주의 신학과 신앙서적을 출판하는
문서선교기관으로서, 한 영혼이라도 구원되길 소망하면서
주님이 오시는 그날까지 최선을 다할 것입니다.

What is the Saving Faith?

The Essence, Function, Kind and Assurance of Faith

Written by

Duk-Kyu Im

Korean Edition
Copyright © 2015 by Christian Literature Center
Seoul, Korea

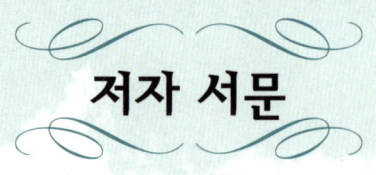

저자 서문

임 덕 규 / 충성교회 담임목사

　김용의 선교사(순회선교단 대표)가 이 시대 복음을 "구원 확신용 복음, 사역 능력용 복음, 치유용 복음, 제자 훈련용 복음, 서류 보관용 복음" 등으로 지적하고 참된 신앙이 없는 현실을 개탄하는 글을 썼습니다(2014. 2. 25. 「국민일보」). 기독교는 '오직 믿음으로 의롭다 함'을 얻는 종교이기에 구원 얻는 신앙은 기독교의 생명입니다.

　본서는 구원 얻는 신앙의 본질, 기능, 종류, 그리고 확신에 관한 규범(規範, norms)이라고 할 수 있습니다. 그리스도 교회에 참된 구원을 얻는 신앙 대신에 유사(類似) 신앙이 많이 자리 잡고 있어 구별이 어려운 실정입니다.

　구원 얻는 신앙의 본질적 특성을 읽으면서 자신과 교회 안의 신앙을 점검하시고, 분노하지 말기를 바랍니다. 본서는 유사 신앙을 정죄하기 위한 것이 아니라 구원 얻는 신앙을 갖도록 하기 위해 썼기 때문입니다.

　구원의 신앙을 가졌을 때 신앙의 위대한 역사(기능)를 반드시 누리며 살고, 확신하며 살기를 존귀하신 예수 그리스도 이름으로 간절히 기도합니다. 한국 교회와 세계 교회가 구원 얻는 신앙의 본질적 특성을 분명히 드러내고, 신앙의 역사를 일으키며 구원의 영광을 확신하면서 예수 그리스도와 하늘나라를 소망으로 갖고 걷기를 간절히 소망합니다.

　예수는 그리스도 하나님의 아들. 예수님은 하나님의 아들 그리스도라는 증거로 우리 죄를 대신해서 십자가에서 피 흘려 죽으시고 죽은 자들 가운데서 부활하셨습니다. 이 그리스도 십자가 대속의 죽음과 부활의 복음으로 우리 인생 모든 문제가 처리되고 해답을 얻습니다. 이 그리스도 십자가 대속의 피의 복음으로 깊이 뿌리내리기를 기원합니다.

　'오직 그리스도', '오직 믿음', '오직 은혜', '오직 성경', '오직 하나님의 영광'뿐입니다.

목 차

저자 서문 ························ 4

제1장. 신앙의 본질. 그 특징(열네 가지)

1. 신앙이란 무엇인가? ························ 12

2. 신앙 본질의 적극적 특징(일곱 가지) ························ 21
  1) 신앙은 영적이며 하나님의 선물이다
  2) 신앙은 성도에게 단번에 주신 것이다
  3) 신앙은 그리스도께서 이 땅에 오셔서 이루신 역사적인 사실 위에 기초하고 있다
  4) 신앙은 "말씀과 더불어" 역사하시는 성령님의 은혜의 역사다
  5) 신앙은 영혼이 가진 감각의 작용이다
  6) 신앙은 도구요 통로이다
  7) 신앙은 생각하는 것이며 또한 적용(기도)하는 것이다

3. 신앙 본질의 소극적 특징(일곱 가지) ························ 46
  1) 신앙은 맹목적이지 않다
  2) 신앙은 모험이 아니다
  3) 신앙은 자기 최면이 아니다
  4) 신앙은 인간 편에서 '동경의 산물'이나 '희망적 기대'가 아니다
  5) 신앙은 신념이나 적극적인 사고방식이 아니다
  6) 신앙은 인간의 내적 체험이 아니다
  7) 신앙은 종교가 아니다

4. 결론: "참된 신앙의 역사를 일으켜 주시고, 믿음을 더해주소서"라고 기도할 것이다 ························ 67

제2장. 신앙의 기능

1. 신앙, 인생에 가장 가치 있는 축복 ················· 74

2. 구원 얻는 신앙의 기능 ························· 82
   1) 신앙은 칭의, 곧 의롭다 함을 얻게 한다
   2) 신앙은 하나님과의 교제를 가능하게 하고 하나님을 기쁘시게 한다
   3) 신앙은 기도를 일으킨다
   4) 신앙은 성령을 임하시게 한다
   5) 신앙은 하나님 사랑과 이웃 사랑을 하게 한다
   6) 신앙은 하나님과 그분이 하신 일을 이해하게 한다
   7) 신앙은 그리스도 안에 있는 모든 기쁨과 평강을 누리게 한다
   8) 신앙은 영적 싸움에서 승리하게 한다
   9) 신앙은 회개를 일으킨다
   10) 신앙은 거룩의 열매를 맺게 한다

3. 결론: 그리스도인은 믿음으로 살아야 한다 ············ 129

제3장. 신앙의 종류

1. 성경이 말하는 신앙이란? ·················· 138
   구원 얻는 신앙: 예수님이 하나님의 아들 그리스도시라는 진리의 실재성에 대한 확신/ 이태형「국민일보」기독연구소장과의 인터뷰/ 임목사의 신앙 여정

2. 개혁교회의 신앙의 네 종류 ·················· 146
   1) 개요: 역사 신앙, 기적 신앙, 일시적 신앙(현세 신앙), 구원의 신앙
   2) 역사 신앙
   3) 기적 신앙
   4) 일시적 신앙(현세 신앙)
   5) 구원의 신앙

3. 결론 ·················· 186

제4장. 신앙의 확신

1. 서론: 신자는 구원받은 사실을 확신할 수 있는가? ······ 194

2. 개혁교회와 신앙 확신의 교리 ················· 202

3. 신앙의 본질과 그 확신 ····················· 207

4. 신앙 확신을 가져야 할 이유 ·················· 211

5. 신앙 확신의 근거 ························ 222
   1) 하나님의 말씀
   2) 성령의 내적 증거
   3) 변화된 삶의 외적 증거

6. 신앙 확신의 성장 및 상실 ··················· 240
   1) 신앙 확신의 성장
   2) 신앙 확신의 상실

7. 신앙 확신에 대한 일곱 가지 테스트 ············· 248

8. 신앙 확신의 결여 및 감정적인 체험 여부 ·········· 250
   1) 신앙 확신의 결여
   2) 신앙 확신과 감정적인 체험 여부

9. 결론: 신앙 확신은 신자의 의무이며, 신앙 확신은 성장해야 한다
   ································ 255

제1장
신앙의 본질. 그 특징
(열네 가지)

1. 신앙이란 무엇인가?
2. 신앙 본질의 적극적 특징(일곱 가지)

   1) 신앙은 영적이며 하나님의 선물이다.
   2) 신앙은 성도에게 단번에 주신 것이다.
   3) 신앙은 그리스도께서 이 땅에 오셔서 이루신 역사적인 사실 위에 기초하고 있다.
   4) 신앙은 "말씀과 더불어" 역사하시는 성령님의 은혜의 역사다.
   5) 신앙은 영혼이 가진 감각의 작용이다.
   6) 신앙은 도구요 통로이다.
   7) 신앙은 생각하는 것이며 또한 적용(기도)하는 것이다.

3. 신앙 본질의 소극적 특징(일곱 가지)

   1) 신앙은 맹목적이지 않다.
   2) 신앙은 모험이 아니다.
   3) 신앙은 자기 최면이 아니다.
   4) 신앙은 인간 편에서 '동경의 산물'이나 '희망적 기대'가 아니다.
   5) 신앙은 신념이나 적극적인 사고방식이 아니다.
   6) 신앙은 인간의 내적 체험이 아니다.
   7) 신앙은 종교가 아니다.

4. 결론: "참된 신앙의 역사를 일으켜 주시고, 믿음을 더해 주소서"라고고 기도할 것이다

1. 신앙이란 무엇인가?

예수님은 그리스도시오 살아계신 하나님의 아들이십니다. 예수님은 하나님의 아들 그리스도시라는 증거로 십자가에서 우리 죄를 대신해서 피 흘려 죽으시고 죽은 자들 가운데서 부활하셨습니다. 이 하나님의 아들 예수 그리스도의 복음으로 우리 인생의 모든 문제가 처리되고 해답을 얻습니다. 참되게 이 그리스도의 복음으로 우리 모두가 깊은 뿌리를 내려야 할 것입니다.

하나님의 아들 예수 그리스도 복음으로 깊이 뿌리를 내린다는 것은 하나님의 아들 예수 그리스도를 믿는 참된 신앙을 갖게 되었다는 것을 말합니다.

우리는 예수 그리스도를 믿는 신앙을 통해서 구원을 얻기 때문에 우리 인생에 있어서 예수님을 믿는 신앙보다 더 가치 있는 것은 없습니다. 예수 믿는 것보다 더 가치 있는 것이 없다 하는 것을 여러분이 이 시간에 확실하게 인식하기를 기원합니다.

● 암 전문의요 최고의 전도자 김의신 박사의 신앙 이야기

제가 즐겨 자주 인용하고 좋아하는 예화가 몇 가지 있습니다. 그

중의 하나가 최고 암 전문의요 최고의 전도자 김의신 박사의 신앙 이야기입니다. 이 김의신 박사는 지금까지 제가 본 전문인 그리스도인 가운데 가장 뛰어난 복음 전도자 중 한 사람이요, 복음 신앙의 사람으로 생각합니다. 그분에게 믿음을 주신 하나님께 영광과 감사를 드립니다.

김의신 박사는 세계 최고 암전문 병원인 미국 텍사스주립대 MD앤더슨암센터에서 31년 동안 재직한 세계 최고의 암전문의로서 미국 최고 의사에 두 차례나 선정된 바 있는 분입니다. 이분은 미국 병원에서 일할 때에 이건희 삼성 회장 등 많은 한국의 정·재계 인사들의 암치료에 참여를 했고, 그들을 최선을 다해 도와줌으로 예수님을 믿도록 섬긴 분이었습니다.

김의신 박사는 중요 인사들이 예수님을 믿는 믿음을 갖는다면 더 큰 전도의 문이 열릴 것이라고 생각해서 최선을 다해 암치료에 참여했다고 말했습니다. 그러나 유감스럽게도 그 유명한 한국의 정·재계 인사들 다수가 예수님을 믿지 않으려 했다고 간증을 했습니다.

기자가 그분의 인터뷰 마지막에 질문을 했습니다.

"인생에서 가장 가치 있는 것은 무엇이라고 생각합니까?"

이 기자의 질문에 즉시 김 박사는 다음과 같이 대답했습니다.

> 예수 믿는 것입니다. 믿음 덕분에 죽음이 삶으로, 절망이 희망으로 바뀌는 기적의 현장을 30년 넘게 두 눈으로 보고 확인했습니다. 더 이상 무슨 말이 필요한가요.

예수 믿는 것보다 우리 인생에서 가장 가치 있는 것은 없습니다. 우리 인생에서 예수님을 하나님의 아들 그리스도로 믿는 것보다 가치 있고 중요한 것은 없다는 것입니다. 저는 전적으로 김의신 박사의 말에 동의합니다. 나는 그분의 신앙고백에 눈물이 납니다. 너무나 감사하고 너무 참된 진리이기 때문입니다. 감사하고 눈물이 나도록 감사했습니다. 물론 하나님의 은혜로 그런 신앙고백을 한 것이기 때문에 하나님께서 영광을 받으셔야 한다고 믿습니다.

예수 믿는 것, 예수님을 하나님의 아들 그리스도로 믿는 것, 하나님의 아들 예수님께서 그리스도로 이 세상에 오셔서 내 죄를 대신해서 십자가에 달려 피 흘려 죽으시고 나를 구원하셨다는 이 피의 사랑을 믿는 것보다도 가치 있는 것이 세상에 어디 있겠는가!

예수 믿는 것을 인생의 한 부분으로 생각하지 말 것입니다. 예수 믿는 것은 우리 인생에서 최고로 가치 있는 일일 뿐만 아니라 우리의 전 존재와 운명 자체가 걸린 문제입니다.

● 인간의 근본 문제를 해결하는 복음 신앙

모든 인간은 죄인이요 죄 값으로 죽음과 지옥의 형벌이 선고된 존재입니다. 모든 인간은 하나님을 떠나 죄와 사탄의 노예로 살고 있습니다. 죄와 죽음의 문제, 지옥과 사탄의 문제, 하나님을 떠나서 하나님께 반역하며 사는 문제를 인간은 태어나면서부터 운명적으로 안고 살고 있는 것입니다.

이런 인간의 근본 문제를 인간은 자신의 힘으로는 결코 해결할 수가 없습니다. 오직 하나님의 은혜로만 가능합니다. 하나님께서 그분의 아들 예수 그리스도를 이 세상에 보내셔서 십자가에 못 박혀 피 흘려 죽게 하시고 그분의 피의 공로로 죄사함과 영생을 주시는 은혜를 믿을 때만 해결될 수 있습니다. 어린아이처럼 오직 하나님과 예수 그리스도를 신뢰할 때만 구원을 얻습니다.

● "인생에 있어서 가장 가치 있는 것"은 "예수 믿는 것"

그러므로 예수 믿는 것보다 인생에서 더 중요한 것은 없습니다. 예수 믿는 것 속에 우리 인생의 과거 현재 미래의 모든 것이 다 들어 있습니다. 우리의 건강도, 우리의 산업과 직장도, 우리의 가정과 우리의 자녀와 우리의 미래와 운명이 다 그리스도의 수중에 있습니다. 예수님을 그리스도로 믿는 것이 전부입니다. 물론 참되게 믿는 신앙이 중요합니다.

믿음은 오늘날 그리스도인들이 가장 귀하게 여기고 많이 사용하는 말이지만 동시에 가장 값싸게 취급되고 오해가 많은 말입니다. 다수의 그리스도인들은 믿음의 진정한 의미를 공고히 생각해보지도 않으면서 "믿음이 좋다" 혹은 "믿음이 부족해서" 이런 말을 잘 쓰고 있습니다.

- 신앙이란 무엇인가?
  - 하나님과 예수 그리스도를 신뢰하는 것

신앙이란 무엇인가? 참된 신앙이란 어떤 것을 말하는가? 구원 얻는 신앙이란 무엇인가? 우리는 일상적인 정의가 아닌 개혁주의 입장에서 믿음을 정의해보고 믿음의 본질을 밝혀보고자 합니다. 믿음이 인생에서 가장 가치 있는 것이라면 우리는 좀 어렵지만 개신교 신학에서 가장 바르게 진리를 밝히고 있다고 생각하는 개혁주의적 관점에서 믿음을 정의해보고 그 믿음의 본질을 분명히 밝혀보는 것이 필요하다고 봅니다.

신약성경은 신앙(피스티스⟨πίστις⟩, faith, belief)을 위한 매우 중요한 말을 하나 가지고 있습니다. 이 신약성경에서 신앙이란 말은 다음과 같은 세 가지 뜻을 내포하고 있습니다.

첫째, 하나님과 예수 그리스도에 대한 일반적인 신뢰입니다.

둘째, 이 신뢰를 근거해서 하나님과 예수 그리스도의 증거를 받아들이는 것입니다.

셋째, 그리스도에게 복종하고 영혼의 구원을 위해서 그리스도를 의지하는 것입니다.

그러므로 이것을 종합해서 구원 얻는 신앙이란 '하나님과 예수 그리스도의 진실성에 대한 확신', '그분의 말씀을 믿음으로 받아들이는 것', 그리고 '영혼의 구원을 위하여 중심으로 하나님과 예수 그리스도를 신뢰하는 것'입니다. 한마디로 신앙은 하나님과 그분의 아들 예수 그리스도에 대한 신뢰입니다. 종교개혁자들은 신앙을 신뢰로 이해하고 의지 안에 자리 잡고 있다고 생각했습니다.

- 신앙의 본질
  - 지식 · 감정 · 의지적 요소, 하나님의 선물

이런 신앙의 의의에 따라서 신앙의 본질을 더 구체적으로 밝혀보고자 합니다. 종교개혁자들이 신앙을 신뢰로 이해하고 의지 안에 자리 잡고 있다고 본 것은 신앙이 인간 전체의 활동인 것을 의미하는 것이었습니다. 이 신앙은 인간 영혼의 활동으로서 단순한 것 같이 보이지만 엄밀하게 조사해보면 매우 복합적이고 복잡한 것임을 알게 됩니다.

그것은 한 인간이 하나님과 그분의 아들 예수 그리스도에 대한 전적인 신뢰를 갖게 된다는 것으로서 한 인간의 전 인격적인 반응인 것입니다. 그래서 신앙의 본질에 대한 바른 이해를 위해서는 신앙을 구성하는 전 인격적 요소, 곧 지성, 감정, 의지의 요소들을 구분해볼 필요가 있습니다.

첫째, 신앙에는 지식의 요소가 있습니다. 이 신앙의 지식이란 인간이 하나님께서 말씀하신 모든 것, 특히 하나님께서 인간의 타락과 예수 그리스도 안에 있는 구속에 대해서 말씀하신 모든 것이 진리라고 받아들이는 진리에 대한 적극적인 인식을 의미합니다. 이런 지식이 있어야 된다 이 말입니다. 물론 이 신앙에 대한 지식이 완전한 이해로 간주되어서는 안 되지만 그렇다고 참되다는 확신이 없어도 안 됩니다. 이러한 진리에 대한 지식은 죄인의 마음속에서 성령의 역사로 작용하는 기초가 됩니다.

둘째, 신앙에는 지식의 요소뿐만 아니라 감정적 요소도 있습니다. 구원 얻는 신앙 속에 포함되어 있는 지식의 특징은 그것이 그 신앙의 대상에 대한 최대 확신을 지니게 되는데, 이것이 진리에 대한 찬동입니다. 인간이 예수 그리스도를 신앙으로 영접할 때에 그는 진리와 신앙의 대상의 실체를 깊이 확신하고 이것이 자신의 생활에서 주요한 욕구들을 충족시키는 것을 깨닫고 신앙에 열렬한 관심을 자각하는 것입니다.

구원 얻는 신앙이 아니고 단순한 역사적 신앙만을 소유한 사람은 진리에 반응하지 않습니다. 왜냐하면 그것이 그의 영혼을 붙잡지 못하기 때문입니다. 그러나 구원 얻는 신앙은 진리에 대하여 진심으로 찬동합니다.

셋째, 신앙에는 의지적 요소가 있습니다. 이것은 신앙에 있어서 최고의 요소가 됩니다. 신앙은 단순히 지식의 문제라든지 또는 지식과 감정을 결합한 문제만은 아닙니다. 그것은 생활의 방향을 결정하는 의지의 문제요 영혼이 그 대상으로 나아가서 그것을 붙잡는 영혼의 행위인 것입니다. 이는 주님으로서의 예수 그리스도에 대한 인격적 신뢰를 의미합니다. 이 신뢰에서 인간은 죄로 더럽혀진 영혼을 그리스도께 완전히 드리고 그리스도를 사죄와 영적 생명의 근원으로 받아들이는 것입니다. 그리하여 영혼 속에 평안과 확신을 불러일으키게 됩니다.

이와 같이 종교개혁자들이 믿는 구원 얻는 신앙은 하나님과 예수 그리스도에 대한 신뢰이며, 오직 그리스도의 공로 안에서 하나님께서 주신 것들을 받아들이며 포착하는 도구로 보았습니다. 그리고 이 신앙은 성령께서 진리를 가지고 우리 마음속에서 일으키고 계신 것이기에 전적으로 하나님의 선물이며 그 다음에 하나님을 의존하는 행위로 이해했습니다. 그래서 신앙은 하나님과 예수 그리스도에 대한 어린아이와 같은 신뢰라고 보았습니다.

- 신앙은 인간의 공로적 사역이 아니며 그리스도를 본받는 것도 아니다.

반면에 가톨릭은 신앙은 단순한 동의이고 그때 주어지는 은혜를 받아 선행과 같은 공로(功勞, merit)를 쌓아야 한다고 주장합니다. 알미니안주의자들은 누구나 다 믿으면 구원을 얻는다는 만인 구원설과 인간이 구원을 얻기 위해서 하나님의 은혜의 사역에 협력해야 한다고 주장합니다. 이들 모두는 하나님과 인간이 협력해서 구원을 받는다는 '신인협동론(神人協同論, synergism)'을 말합니다.

19세기 말부터 등장한 자유주의 신학자들은 성경이 하나님의 말씀이라는 것을 부정하고 합리적인 이성으로 관련된 문헌들로 성경을 재해석합니다. 그래서 예수님의 십자가의 죽음이 사랑의 본을 보여준 것으로 우리도 그 사랑의 본을 따라야 한다고 주장합니다. 그러나 이들은 신앙이 하나님과 우리 주 예수 그리스도에 대한 어린아이와 같은 신뢰라는 것을 인식하지 못하고 있습니다.

그러므로 우리는 개혁주의 신앙의 의의와 본질에 따라서 구원 얻는 신앙의 본질적인 특징을 적극적 및 소극적 특징으로 나누어서 밝혀보고자 합니다.

2. 신앙 본질의 적극적 특징(일곱 가지)

먼저 신앙 본질의 적극적 특징 일곱 가지를 제가 말씀드리겠습니다. 우리는 개혁주의 관점에서 구원 얻는 신앙의 본질에 관한 적극적 특징 일곱 가지를 들을 것입니다. 물론 이런 신앙 본질에 관한 적극적 특징을 일곱 가지로 범주화하여 다루는 것은 구원 얻는 신앙의 본질을 분명히 밝히는 데 그 목적이 있습니다. 제가 임의로 일곱 가지로 범주화하겠습니다.

오늘날 그리스도의 교회에 신앙의 참된 본질이 너무나 왜곡돼 있어서 교회에 혼란을 일으키고 있기 때문이고, 더 나아가서 구원 얻는 신앙이 아닌 왜곡된 신앙이 참된 신앙을 대체하고 있는 현상이 한국 교회에서 일어나고 있기 때문입니다. 나아가서 세계 교회 안에 일어나고 있기 때문에 그렇습니다.

1) 신앙은 영적이며 하나님의 선물이다

신앙은 영적이며 하나님의 선물입니다. 신앙의 본질에 있어서 우리가 강조할 사실은 보통 사람들이 갖고 있는 육신적이며 감각적 믿음과는 달리 영적이며 하나님의 선물이라는 것입니다. 이 진리를 보다 자세히 예를 들어서 제가 설명해보겠습니다. 모든 사람은 믿음을 갖고 산다고 그럽니다.

- 수학적 확률의 법칙은 신앙이 아니다.

예컨대 우리가 의자에 앉을 때는 의자가 우리를 지탱해줄 것이라는 믿음을 행사하고 있다고 봅니다. 비행기나 버스를 타러 갈 때 우리는 믿음을 행사한다고 합니다. 그래서 우리 모두는 믿음을 가지고 있으며 하나님과 그분의 아들 예수 그리스도를 믿는 문제에 있어서도 우리가 할 필요가 있는 것은 오직 우리 본성 안에 있는 바로 그 믿음을 행사하고 있는 것이다 그렇게 어떤 사람들은 말합니다. 그러나 그건 아닙니다.

그것은 소위 수학적 확률의 법칙을 적용하고 있는 것입니다. 내가 의자에 앉을 때에 내가 그렇게 하는 것은 그 순간에 그 우연성이 깨지지 않을 것이라는 원리하에 활동하고 행동하고 있을 뿐입니다. 곧 수학적 확률법칙입니다. 내가 비행기를 타거나 버스에 오를 때에도 나는 똑같은 수학적 확률의 법칙에 따르고 있는 것입니다. 내가 비행기나 버스 운전대에서 믿음을 행사하고 있는 것이 아닙니다. 우리는 대부분 무의식적으로 99.99퍼센트 이상 안전할 것이라는 지식에 의존하고 있습니다. 이것은 신앙이 아닙니다.

신앙은 영적이며 하나님의 선물입니다. 신앙을 가지고 있는 사람은 그리스도인뿐입니다. 우리는 스스로 믿음을 가질 수도 없고 그리스도인이 될 수도 없습니다. 신앙은 인간 안에 있는 본성적인 그 무엇이 아닙니다.

● 에베소서 2:8-9

너희는 그 은혜에 의하여 믿음으로 말미암아 구원을 받았으니 이것은 너희에게서 난 것이 아니요 하나님의 선물이

라 행위에서 난 것이 아니니 이는 누구든지 자랑하지 못하
게 함이라(엡 2:8-9).

구원 얻는 신앙이란 우리가 만들어내는 것이 아니라 하나님의 선물로 주어지는 것입니다. 하나님께서는 우리에게 하나님의 약속의 말씀을 믿는 신앙을 주시는 것입니다.

● 신앙이 있는 곳에는 긴장과 압박감이 없다.

신앙은 언제나 하나님과 우리 주 예수 그리스도를 소리 없이 확신하게 하고 신뢰하도록 인도합니다. 신앙이 있는 곳에는 긴장과 압박감이 없습니다. 믿음은 확신의 요소를 갖고 있습니다.

우리에게 이 신앙이 주어질 때 우리는 하나님과 예수 그리스도를 의심 없이 확신하고 신뢰합니다. 만일 긴장과 압박감 속에서 신앙을 지키려고 하거나 자신을 설득하려고 애쓴다면 그것은 참된 신앙이 아닌 것입니다. 믿음은 바라는 것들의 실상이요 보지 못하는 것들의 증거입니다.

우리가 히브리서 11장의 믿음의 영웅들의 신앙을 보면 이들은 이런 확신을 가졌습니다. 그들은 하나님께 대한 깊은 지식이 있었

고, 그 지식은 하나님께서 그들에게 주신 은혜요 선물이었습니다. 하나님께서는 그들을 찾아가 말씀하셨고, 그들은 순종함으로 그 말씀에 응답했습니다.

오늘날 우리는 이미 계시된 말씀을 가지고 하나님을 만납니다. 하나님께서는 사도들이나 구약백성들에게 말씀하시며 찾아가셨던 동일한 그 말씀을 가지고 우리에게 찾아오셔서 말씀하시고 증거하십니다. 그리하여 우리의 믿음을 일으켜 주시는 것입니다.

그러므로 어떤 유명한 신학자들이 철학적으로나 그들의 사색을 통해서 세운 믿음은 참된 신앙이 아닙니다. 신앙은 영적이며 하나님의 선물로 주어지기 때문입니다. 오늘날 현대 신학자들 가운데 이런 참된 믿음이 없이 그들이 창작한 믿음을 가지고 신학을 논함으로 인하여 신학계는 어지러워지고 신앙에 뿌리를 내리지 못한 신자들을 방황하게 하는 것입니다.

2) 신앙은 성도에게 단번에 주신 것이다

- 유다서 1:3

두 번째 신앙은 성도에게 단번에 주신 것입니다. 신앙이란 위로부터 성도에게 단번에 내려오는 것이며 조금씩 조금씩 자꾸 더 오면서 생기는 것이 아닙니다. 유다서 1:3에서 다음과 같이 말씀합니다.

> 사랑하는 자들아 우리가 일반으로 받은 구원에 관하여 내가 너희에게 편지하려는 생각이 간절하던 차에 성도에게 단번에 주신 믿음의 도를 위하여 힘써 싸우라는 편지로 너희를 권하여야 할 필요를 느꼈노니(유 1:3).

"성도에게 단번에 주신 믿음의 도"(유 1:3). 이렇게 신앙은 하나님께서 성도에게 단번에 주신 것이지 자기가 믿어보려고 애를 써가지고 믿어지는 것이 아닙니다.

- 신앙은 한 순간 어둠 속에서 빛으로 들어오는 것이다.

한 자연인이 어둠과 흑암 속에 있다가 하나님께서 그분의 성령으로 그리스도의 빛을 그의 심령에 비추시면 한 순간 그 사람은 어둠 속에서 빛으로 들어오는 것입니다. 이것이 성도에게 단번에 주신 믿음의 도입니다.

그러므로 어떤 사람이 아무리 "믿습니다! 믿습니다!" 하고 고백하면서 신앙을 세우려고 해도 신앙이 생기는 것이 아닙니다. 성도에게 주시는 믿음으로 비로소 성도는 믿는 것입니다. 믿었다 안 믿었다 하고 과연 그럴까 아닐까 한다면 그것은 안 믿는 것입니다.

- 야고보서 1:6-8

> 오직 믿음으로 구하고 조금도 의심하지 말라 의심하는 자는 마치 바람에 밀려 요동하는 바다 물결 같으니 이런 사람은 무엇이든지 주께 얻기를 생각하지 말라 두 마음을 품어 모든 일에 정함이 없는 자로다(약 1:6-8).

믿음 쪽으로 기울어졌다 또 부인했다 하는 것은 참 믿음이 아닙니다. 참된 신앙이란 그것을 단번에 주시면 그것으로 요지부동하게 되는 것입니다. 그러므로 여러분이 한 순간에 즉각적으로 그리스도인이 될 수 있다는 것을 알지 못하면 성도에게 단번에 주신 믿음의 도를 붙들고 있는 것이 아닙니다. 어느 때는 마음 가운데 회의가 있어서 방황하고 괴로워하다가 어느 때는 조금 안심하고 안주하게 되는 일도 있습니다.

이때 이것은 사색의 과정에서 인식이 얼마나 명료한가 또는 재료가 얼마나 풍부한가에 따라서 여러 혼돈에 휩싸이기도 하지만 믿음이 새로 생겨서 조금 믿다가 믿음이 금방 희박해졌다가 안 믿다가 하는 그런 것이 아닙니다. 그것은 불신상태의 또 한 가지인 것입니다. 정면에서 반대하는 것만이 불신 상태가 아닙니다. 때로는 회의하기도 하고 때로는 그럴듯하게 여겨서 따라오더라도 또 절대로 그렇다고 확증하고 그렇게 하지 않고 왔다갔다 한다 그러면 불신입니다.

이런 상태에 있는 것을 기독교 신앙인같이 생각해서는 안 됩니다. 불교나 힌두교를 믿는 식으로 믿는 것이 아닙니다. 그런 철학적인 사색이 신앙을 대체할 수 없습니다. 믿음이란 위로부터 오는 것이며 단번에 주신 것입니다.

3) 신앙은 그리스도께서 이 땅에 오셔서 이루신 역사적인 사실 위에 기초하고 있다

세 번째 신앙은 성자 하나님이신 그리스도께서 이 땅에 오셔서 이루신 역사적 사실 위에 기초하고 있습니다. 신약성경에서 가르치는 "믿는다"는 말의 가장 근본적인 의미는 선포된 그리스도의 사건의 복음을 받아들인다는 말입니다. 참된 신앙이란 실재하지 않는 것을 실재하는 것처럼 가정하고 시인하고자 하는 반복적 노력이 아닙니다.

- 신앙은 사실과 관련되어 있다.

믿음은 단순한 주관적 감정이나 착각에 기초하지 않고 항상 어떤 사실과 관련되어 있습니다. 믿음은 어떤 사실, 예컨대 내가 죄인이라든지 하나님께서 그분의 아들 예수 그리스도를 보내셨다든지 그리스도께서 십자가에서 못 박혀 죽으셨다 등과 관련해서 출발합니다. 믿음은 결코 막연하고 공허한 "무한에의 동경"이 아닙니다.

- 그리스도의 죽음과 부활의 역사적 사건(그리스도의 사건)이 구원의 근거

그런데 이러한 사실들은 특별히 예수 그리스도를 중심하여 이루어지고 있습니다. 하나님을 반역하고 자기가 하나님이 되고자 하는 착각 속에 사는 자아중심적인 인간을 구원하시려는 인류 역사 속에서 이루어진 하나님의 구원 사건이 기독교 믿음의 근거입니다.

그 구원의 사건은 하나님의 아들이 이 세상에 오셔서 십자가에서 대속의 죽음을 당하시고 부활하심으로 성취되었습니다. 그리하여 그리스도의 십자가와 부활의 역사적 사건이 인류 구속사의 중심이 되었습니다.

그 이후부터 믿음의 초점은 예수 그리스도의 인격과 사역에 집중되게 되었습니다. 특히 그리스도의 죽음과 부활의 사건을 '그리스도의 사건'이라고 그러는데 16세기의 종교개혁은 역사적인 그리스도의 사건이 우리 구원의 근거인 것을 분명히 밝혔습니다.

개신교가 주장하는 참된 믿음은 인류 역사 속에서 일어난 그리스도의 사건을 강조합니다. 종교개혁자들의 주장은 중세 시대에 인간의 내적 생활을 강조하는 잘못된 입장에서 그리스도의 역사적 사건을 강조하는 역사적 신앙을 바르게 회복한 것입니다.

인간의 내적인 면만을 강조하는 기독교 신앙은 그리스도의 복음을 단지 내적 생활을 추구하는 다른 모든 종교 수준으로 끌어내리는 것입니다. 참된 신앙은 그리스도께서 이 땅에 오셔서 이루신 역사적인 사실, 특히 역사적인 그리스도의 사건, 곧 그리스도의 죽음과 부활의 사건 위에 기초하고 있습니다.

4) 신앙은 "말씀과 더불어" 역사하시는 성령님의 은혜의 역사다

- 참된 신앙은 성령을 임하시게 한다.

네 번째 신앙은 말씀과 더불어 역사하시는 성령님의 은혜의 역사입니다. 참된 신앙은 성령을 임하시게 합니다. 하나님께서는 인간에게 구원의 은혜를 주시기 위하여 그 은혜의 방법, 그 은혜의 수단으로 말씀을 택하셨습니다.

은혜의 수단으로서의 성경 말씀의 작용은 오직 성령께서 말씀과 더불어 혹은 말씀과 함께 계셔서 그 말씀을 쓰심으로 그 사람 속에서 은혜가 나타나고 신앙이 생기는 것입니다. 성령님은 주권자로 말씀을 쓰셔서 혹은 회개시키시며 혹은 강퍅케 하시며 혹은 미련하게 하시며 혹은 넘어지게도 하십니다.

- 성령님은 진리 말씀을 쓰시므로 은혜의 역사를 일으킨다.

성령님은 복음 진리의 말씀을 가지고 구원의 은혜를 듣는 사람에게 임하셔서 신앙이 생기게 하십니다. 다시 말하면 성령님은 복음 진리를 듣는 사람의 마음속에서 역사하셔서 복음 진리의 말씀을 바르게 심어주셔서 마침내 열매를 맺게 해주십니다. 그때에야 비로소 복음 진리를 믿는 믿음이 생겨서 복음은 기쁜 소식으로 효력을 나타냅니다.

많은 사람이 복음 진리의 말씀을 듣기는 듣지만 모두 마음으로 듣는 것은 아닙니다. 많은 사람이 성경을 펴서 읽고 힘써서 배우지만 그렇다고 모든 사람이 모두 참으로 하나님의 말씀을 참으로 진리로 믿고 받아들이는 것은 아닙니다. 실로 말씀을 사용하시는 분은 성령님이십니다.

저는 신앙 초기에 수년간 예수님이 하나님의 아들이시라는 진리의 말씀이 참되게 믿어지지 않았습니다. 그런데 어느 날 아침 저에게 갑자기 예수님이 하나님의 아들이시라는 진리의 말씀이 참되게 믿어졌습니다. 성령님께서 역사하신 것입니다. 우리에게 신앙을 주시는 성령님의 은혜는 말씀이 참되게 이해되고 믿어지는 역사와 함께 고요히 임합니다.

● 개혁주의 신학자 헤르만 바빙크

그러므로 유명한 개혁주의 신학자 헤르만 바빙크는 이렇게 말했습니다. "누가 기독신자에게 묻기를 당신은 왜 믿느냐? 라고 하면 신자는 대답하기를 하나님께서 말씀하셨기 때문이다 할 것이다"라고 대답을 했고, 또 "어떻게 성경을 하나님의 말씀이라고 믿게 되는가?" 하고 물으면 신자는 다시 "하나님께서 마음속에 그렇게 믿도록 역사해주시기 때문이다"라고 대답한다는 것입니다.

성령님께서 말씀을 믿도록 해주셔야 한다는 것입니다. 여러분 왜 예수님을 믿습니까? 하나님께서 믿도록 해주시니까 믿는 것입니다. 쉽습니다. 우리 개혁주의 교회는 하나님의 말씀이 신앙과 생활의 유일의 법칙이라는 불변의 원칙에 서 있습니다. 진리의 말씀을 주셔서 역사하시는 성령님의 은혜로 생긴 신앙만이 바른 신앙입니다.

가톨릭처럼 교회 전통이나 교회 자체의 권위 같은 외적인 조건도 신앙을 일으키는 수단이 아닙니다. 또한 신비주의자들의 주관적인 체험도 신앙을 일으키는 수단이 아닙니다. 오직 하나님의 말씀과 더불어 역사하시는 성령님의 은혜로 인한 신앙만이 바른 신앙이요 구원 얻는 신앙입니다.

한편 이런 신앙은 우리가 말씀과 더불어 역사하시는 성령님의 기적적인 은혜의 결과이기도 하지만 동시에 우리 자신도 하나님의 말씀을 갈구하는 상태에 들어가야 한다는 사실도 잊어서는 안 됩니다. 다시 말하면 심령이 가난해야 된다는 것입니다. 항상 기적으로만 성령의 역사를 바라는 것은 부정당한 것입니다.

- 로마서 10:17

그러므로 믿음이 없는 사람은 하나님의 말씀을 읽고 성령의 은혜를 구하고 의지해야 됩니다. 기도해야 됩니다.

> 그러므로 믿음은 들음에서 나며 들음은 그리스도의 말씀으로 말미암았느니라(롬 10:17).

기도하면서 성경을 읽고, 읽고 나서도 기도해야 합니다. 기도할 때 성령님께서 임하시기 때문입니다. 이때 성령님은 여러분이 읽은 진리의 말씀을 믿는 신앙을 주시는 것입니다.

5) 신앙은 영혼이 가진 감각의 작용이다

● 인간의 영혼에도 여러 가지 감각기관이 있다.

다섯 번째 신앙은 영혼이 가진 감각의 작용입니다. 인간의 육체에 여러 가지 감각 기관이 있는 것처럼 인간의 영혼에도 여러 가지 감각기관이 있습니다. 인간 영혼도 볼 수 있고 먹을 수 있고 또 맛을 압니다. 육신과 마찬가지로 영혼에도 감각기관이 있는 것입니다.

그런데 이 영적인 감각기관들은 죄로 인하여 대부분 상실되어 있거나 죽어 있었으나 하나님과 우리 주 그리스도의 구원의 은혜에 의하여 영적 감각기관들이 다시 회복되었습니다. 우리 주님께서 예수님의 피를 가지고 죽어 있는 영적 감각을 치료하시면서 의사로 오신 것입니다. 그 치료약이 예수님의 보혈입니다.

● 히브리서 5:14, 요한일서 5:20

성경은 이런 사실을 분명하게 밝히고 있습니다.

> 단단한 음식은 장성한 자의 것이니 그들은 지각을 사용함
> 으로 연단을 받아 선악을 분별하는 자들이니라(히 5:14).

거듭난 신자, 장성한 신자들은 지각을 사용한다고 합니다. 이 말은 그들에게 이전에 없던 영적 지각이 생겼다는 것입니다.

그 결과 그들은 선악을 분별하는 자들이 된 것입니다. 그래서 회복된 영적인 감각기관들로 인해서 진리의 맛은 달콤하며, 악과 거짓의 맛은 쓰다는 것을 재빠르게 그리고 강력하게 느끼게 되어 있습니다. 여러분이 제가 전하는 이 진리의 말씀이 달콤하다 그런 감각이 있어야 된다 이 말입니다.

> 또 아는 것은 하나님의 아들이 이르러 우리에게 지각을 주
> 사 우리로 참된 자를 알게 하신 것과(요일 5:20).

이 말씀은 하나님의 아들이 이르러서서 우리에게 영적인 지각을 주지 아니하셨다면 흑암이 타락한 인생들의 머리 위에 영원히 깃들게 하였을 것이라는 의미입니다.

하나님의 아들 예수 그리스도께서 이 세상에 오셔서 그분의 십자가에 피를 흘리심으로 그분의 보혈로 영혼을 치료해서 영적인 지

각을 살려주심으로 신자들로 하여금 참된 자, 곧 하나님과 그분의 아들 예수 그리스도를 알게 하셨다고 요한일서 5:20은 말하는 것입니다.

이와 같이 참된 신앙이란 죄로 인하여 죽었던 영혼의 감각기관이 살아나서 신령한 감각으로 하나님과 예수 그리스도를 인식하고 교제하는 작용인 것입니다.

- 18세기 미국의 요나단 에드워즈의 『신앙감정론』에서 언급된 영적 감각에 관한 글

참된 신앙을 가진 자의 영적 감각에 관한 예는 18세기 미국의 마지막 청교도로 알려진 조나단 에드워즈에 의해서 역사상 가장 잘 증거되고 있습니다. 에드워즈는 18세기 미국 최대의 신학자요 영성가중의 한 사람이었습니다. 그는 하나님께서 주신 대부흥회의 경험을 친히 체험한 사람이었습니다. 요나단 에드워즈는 자신의 체험에 기초해서 『신앙감정론』이라는 불후의 명작을 집필했습니다.

그는 이 책을 통해서 어떤 사람이 참된 그리스도인인지 아닌지의 여부를 결정하는 참된 표지들을 제시하고 있습니다. 저는 이 『신앙감정론』에서 언급된 영적 감각에 관한 글을 간략히 언급하고

자 합니다. 물론 저는 그가 주장하고 이해한 내용에 대해서 공감하고 있기 때문에 인용합니다.

> 참된 신자들은 구원을 얻기 전에 느끼고 자각하던 것과는 그 본질과 종류가 전혀 다른 새로운 내적인 감각과 지각으로 살아간다. 하나님께서 구원하시는 역사를 받은 사람들은 인간 본성과 이성과 의지로는 도저히 산출할 수 없는 전혀 새로운 차원의 지각을 갖게 된다.
> 이것은 정신에서 새롭게 일어나는 신령한 감각이고 마치 미각이 다른 감각과 전혀 다른 것처럼 이전에 정신으로 느끼던 것과는 본질적으로 전혀 새로운 종류의 지각과 신령한 감각이다. 이 새로운 감각은 마치 실제로 꿀을 맛보는 것과 꿀맛에 대해 생각하고 설명하는 것이 다른 것처럼 이전의 자연적인 것과는 완전히 다르다.
> 신자가 예수님을 하나님의 아들 그리스도로 믿는 것은 성령님의 역사로 이루어진다. 이때 신자는 그들 안에서 행하시는 성령님의 초자연적인 역사로 인해서 신자들은 새로운 하나님의 본성에 참여한다. 하나님의 성령께서 성도 안에 거하시면서 생명의 샘과 씨로서 그들 마음에 역사하시고 그분의 감미롭고 신적인 본성을 나누어주심으로 성도의 영혼은 하나님의 아름다움과 그리스도의 기쁨에 참여한다.

이렇게 성령에 참여하고 교통함으로 성부와 성자 예수 그리스도와도 참된 사귐을 갖는다. 이런 점에서 참된 신자들은 전에 느끼고 지각하던 것과는 그 본질과 종류가 전혀 다른 새로운 내적인 감각과 지각으로 살아간다고 할 수 있다. 그러므로 진정한 신앙은 마음에 끼친 초자연적이고 신적인 영향과 작용에 의해서 비롯되며 그것은 신자의 영혼에 새롭게 생겨난 새로운 내적인 감각과 지각에서 일어난 것이다. 이런 지각은 한 자연인이 거듭나기 전에 갖고 있었던 것들과는 본질적으로 전혀 다른 새로운 종류의 지각과 신령한 감각이다. 그래서 한마디로 참된 신앙은 단순히 진리에 대한 관념적인 이해와 지적 동의로만 이뤄진 것이 아니고, 사랑과 희락과 기쁨과 평강과 갈망과 같은 감정이 역동하는 마음의 지각이다.

에드워즈가 『신앙감정론』에 주장한 진정한 신앙이란 영혼이 가진 새로운 감각의 작용이라는 설명의 요지를 말씀드렸습니다.

- 창세기 2:7, 요한복음 20:22

하나님께서 인간 창조 시에 창세기 2:7에 보면 땅의 흙으로 사람을 지으시고 생기를 그 코에 불어넣으심으로서 창조하셨습니다. 인간은 영혼과 육체가 합하여 구성된 존귀한 존재가 되었습니다. 인간의 영혼은 하나님의 생기로부터 기원됐기 때문입니다.

이렇게 인간의 영혼은 하나님께로부터 왔기 때문에 인간의 영혼은 하나님을 따라 숨 쉬어야 하고 하나님을 위한 것이 되어야 합니다. 그러나 인간이 범죄해서 하나님을 떠났을 때 인간의 하나님을 향한 영혼의 기능은 사라지게 되었습니다. 그리하여 인간의 영혼을 구원하러 이 세상에 오신 예수 그리스도께서 제자들에게 숨을 내쉬며 "성령을 받으라"(요 20:22)고 말씀하셨을 때 예수 그리스도로 말미암아 영혼은 새롭게 태어날 수 있었던 것입니다.

6) 신앙은 도구요 통로이다

• 우리를 구원하시는 분은 예수 그리스도

우리를 구원하는 것은 우리의 믿음이 아닙니다. 우리를 구원하신 분은 예수 그리스도이십니다. 우리는 믿음으로 말미암아 믿음을 통해서 구원받는 것입니다. 믿음이란 단지 도구일 뿐이지 내가 의롭다 함을 얻는 원인은 아닙니다.

내가 의롭다 함을 받는 원인은 주 예수 그리스도와 그분이 행하신 모든 것입니다. 우리는 거기에다 아무것도 심지어는 우리 믿음까지도 첨가해서는 안 됩니다. 오직 예수 그리스도만이 자리를 잡고 계셔야 합니다. 우리의 믿음이 우리의 의를 구성하는 것이 절대 아닙니다.

- 신앙은 그리스도의 의가 나에게 주어지는 통로다.

믿음은 단순히 우리의 의를 구성하는 도구에 불과합니다. 믿음은 그리스도의 의가 나에게 주어지는 통로입니다. 그 통로를 통해서 우리는 그 의를 받아들입니다. 우리는 절대로 우리를 구원하는 것이 우리의 믿음이라고 하지 말아야 합니다. 많은 사람은 그렇게 말하고 믿기를 원합니다.

- 신앙은 공로가 아니며 자랑이 아니다.

어떤 사람들은 이렇게 말합니다. "율법시대에서 구원은 율법을 지키는 것이었다. 그러나 신약시대에는 그렇지 않다. 율법은 폐지되었다. 이제 우리를 구원하는 것은 예수 그리스도를 믿는 것이다"

라고 말합니다. 이렇게 말한 사람의 의도는 우리를 구원하는 것은 우리의 믿음이라는 것입니다. 그러나 그렇지 않습니다. 다시 말하거니와 우리를 구원하시는 분은 예수 그리스도이십니다. 우리의 믿음이 우리를 구원한다고 하면 우리의 믿음은 우리의 공로가 되는 것이며 자랑할 거리가 되는 것입니다.

예컨대 "다른 사람은 믿지 않는데 나는 믿는다. 그러므로 나는 다른 사람이 받지 못한 구속함을 받을 자격이 있다"고 말할지도 모릅니다. 그렇게 되면 이 사람은 스스로를 구원하고 있는 것입니다. 그러므로 우리가 나의 믿음이 나를 구원하였다고 말한다면 나의 믿음을 자랑하고 있는 것입니다.

어떤 신자들은 그렇게 자랑하는 사람도 있습니다. 자기 믿음을 자랑합니다. 그러나 우리는 믿음에 관하여 전혀 자랑할 데가 없습니다. 우리는 신앙을 구속의 원인으로 생각한다든지 우리의 의에서 나온 것이라는 생각을 해서는 안 되는 것입니다.

- 로마서 3:24

믿음이란 반복해서 말하거니와 구원을 얻는 하나의 그릇에 불과한 것이고, 하나님의 의가 나의 것으로 되는 데 있어서 통로에 불과합니다. 예수 그리스도만이 구속의 원인이요 그리스도 안에 모든 것이 다 있습니다.

그러므로 사도 바울은 로마서 3:24에서 이렇게 말합니다.

> 그리스도 예수 안에 있는 속량으로 말미암아 하나님의 은혜로 값없이 의롭다 하심을 얻은 자 되었느니라(롬 3:24).

7) 신앙은 생각하는 것이며 또한 적용(기도)하는 것이다

- 마태복음 6:28

일곱 번째 신앙은 생각하는 것이며 또한 적용하는 것이며 기도하는 것입니다. 신앙은 인간 생활의 한 면에만 국한된 것이 아닙니다. 다시 말하면 신앙은 영혼의 구원이라고 하는 일에만 국한되어 있는 것이 아닙니다. 참된 신앙이란 인간 생활의 전면에 이르는 신앙입니다. 예수 그리스도의 복음은 인간 생활 전체에 해당됩니다.

그래서 예수님께서는 이런 신앙을 갖도록 산상수훈에서 믿음이 적은 자들을 이렇게 책망하셨습니다. 마태복음 6:28에서 이렇게 말씀했습니다.

> 또 너희가 어찌 의복을 위하여 염려하느냐 들의 백합화가
> 어떻게 자라는가 생각하여 보라 수고도 아니하고 길쌈도
> 아니하느니라(마 6:28).

예수님께서는 우리에게 "생각해 봐라 믿음 없는 자들아" 하고 말씀하시는 것입니다.

● 신앙이란 그리스도인다운 방식으로 미래를 생각하는 것이다.

그러니까 예수님에 의하면 신앙이란 본래 생각하는 일입니다. 기독교 신앙이란 미래를 생각하는 것입니다. 그리스도인다운 사고방식으로 생각하는 것입니다. 사고야말로 신앙의 본질입니다. 참된 신앙은 예수님이 내 인생의 모든 문제 해결자 되신 그리스도이심을 생각하는 것입니다.

그러므로 예수님이 그리스도시라고 믿는 참된 신앙은 언제나 그 신앙을 적용해야 합니다. 신앙을 가지고 있다고 입으로 말로만 해서는 충분하지 않습니다. 그 신앙을 충분하게 적용하지 않으면 안 됩니다. 그것은 나에게 일어나는 것과 관계를 맺어야 한다는 말입니다.

● 누가복음 8:24-25

그래서 예수님께서는 제자들에게 이렇게 말씀하셨습니다.

너희 믿음이 어디 있느냐(눅 8:25).

이 말씀은 예수님께서 배에서 잠들고 계실 때 물이 배에 가득하게 되어 위태하게 되었을 때 제자들이 "주여! 주여! 우리가 죽겠나이다" 하며 주님을 깨울 때 하신 말씀이었습니다. 예수님께서는 그들에게 "왜 너희는 너희 자신의 신앙을 일어나 적용하지 않느냐"라고 말씀하신 것이었습니다. 다른 표현으로 말하면 "너희는 왜 내 이름으로 기도하지 않느냐?" 그런 말씀이었습니다.

● 신앙은 기도함으로 적용해야 한다.

신앙은 활동적이고 생산적인 것입니다. 그래서 적용해야 됩니다. 신앙은 예수 그리스도의 공로로 성령을 임하시게 하기 때문에 관념적이지 않고 활동적이며 기꺼이 선을 행하고 도와주고 모든 것을 참게 만듭니다. 신자는 하나님께서 우리 가운데서 이런 신앙의 역사를 일으켜주시도록 하나님께 기도해야 합니다. 신앙을 적용해야 한다 이 말입니다. 참된 신앙은 기도를 일으키게 되어 있습니다. 그래서 신앙을 가지고 있다면 기도해야 합니다. 참된 신앙은 기도를 일으키게 되어 있기 때문입니다.

3. 신앙 본질의 소극적 특징(일곱 가지)

지금까지 신앙의 적극적 본질 특징 일곱 가지를 말씀드렸는데 이번에는 신앙의 소극적 본질의 특징 일곱 가지를 범주화해서 참된 신앙의 본질을 밝히고자 합니다. 구원의 신앙으로 혼동되고 오해되고 있는 신앙 유사개념을 살펴봄으로 잘못된 신앙의 오해를 시정하고 더 나아가서 참된 신앙의 본질을 드러내고자 합니다.

1) 신앙은 맹목적이지 않다

신앙 본질의 소극적 특징 첫 번째로 신앙은 맹목적이지 않다는 것입니다. 신앙은 아무 비판 없이 무조건 믿어야 한다는 맹목적 순종행위가 아닙니다. 어떤 사람들은 신앙이란 따지지 말고 무조건 믿어야 한다고 합니다.

그러나 그들은 자신들의 신앙에 대한 지식이 없는 경우가 많습니다. 누구를 믿으며 그 믿음의 내용은 무엇이며 믿음의 결과와 목적은 무엇인가에 대한 인식이 없는 경우가 많습니다. 무조건 믿는 것입니다. 그러나 신앙은 맹목적인 굴욕 행위가 아닙니다. 신앙은 맹목적인 것이 아니라 신앙의 대상이 있고, 내용이 있고, 목적 면에서 뚜렷한 근거를 갖고 있습니다.

사도요한은 요한복음을 저술한 목적을 이 확실한 신앙의 근거에 두고 있다고 요한복음 20:31에서 요한복음의 결론으로 말하고 있습니다.

> 오직 이것을 기록함은 너희로 예수께서 하나님의 아들 그리스도이심을 믿게 하려 함이요 또 너희로 믿고 그 이름을 힘입어 생명을 얻게 하려 함이니라(요 20:31)

이 말씀에 의하면 그리스도인의 참된 신앙의 대상은 예수입니다. 믿음의 내용은 예수님은 하나님의 아들 그리스도시라는 것입니다. 믿음의 목적은 생명, 곧 영원한 생명을 얻는 데 있습니다.

그러므로 참된 신앙이란 무조건 믿는 것이라든지 맹목적인 것이 아니라 신앙의 대상, 내용, 목적 면에서 뚜렷한 근거를 갖고 있습니다. 모든 그리스도인은 신앙의 대상을 바로 알아서 하나님을 믿는다 그렇게 말할 것이 아니라 정확하게 "예수님을 믿는다"라고 말해야 할 것입니다.

그리스도인은 예수님을 믿는다고 할 때에도 예수님을 하나님의 아들 그리스도로 믿는다는 신앙의 분명한 내용을 붙잡아야 합니다. 예수님을 믿는다고 그럽니다. 예수님을 믿는다고 하는데 예수님이 누구라고 하는지 모릅니다. 그냥 믿습니다. 예수님을 하나님의 아들 그리스도로 믿는 신앙이 바른 신앙입니다. 이것이 신앙의 내용입니다.

또 믿는 목적도 바로 알아야 합니다. 이 예수님을 그리스도로 믿는 신앙의 근본 목적은 영생을 얻는 데 있습니다. 이렇게 분명한 신앙의 대상, 내용, 목적을 갖고 있어야 됩니다. 신앙은 맹목적이지 않다 하는 것입니다.

2) 신앙은 모험이 아니다

두 번째로 신앙은 모험이 아닙니다. 신앙은 영적인 것이며 하늘에서 주어진 것입니다. 신앙은 결코 인간의 노력으로 창조한 인간적 행위가 아닙니다. 그런데 오늘날 현대 신학의 영향으로 신앙을 행위로 바꾸어놓는 인간의 공로적 행위로 여기는 경향이 인기를 끌고 있습니다.

● 현대 신학자 불트만의 주장

유명한 현대 신학자 불트만이라는 사람이 있습니다. 불트만은 그리스도의 사건이 선포될 때 인간이 결단을 하는 것을 신앙이라고 말합니다. 따라서 그에 의하면 신앙은 일종의 모험에 해당됩니다.

신앙이란 어둠 속에서의 도약이며 하나님의 뜻에 기꺼이 순종할 것인가를 결정하는 것이다 그렇게 봅니다. 이런 생각은 신앙이 하나님에 의해서 주어진 것이 아니라 인간적 업적이며 모험적으로 나타난 인간적 행위가 됩니다. 그러나 신앙은 모험이나 업적이 아니라 인격적인 하나님의 구원하시는 행동에 대한 신뢰와 의존입니다. 참된 신앙은 단순히 예수 그리스도와 그분의 공로를 붙잡는 것입니다. 신앙은 자기 자신 안에서 생기는 것이 아니라 예수 그리스도의 복음 선포를 통해서 밖에서부터 우리에게 찾아오는 것입니다.

- "신앙은 번지 점프와 같은 것"이 아니다.

오늘날 한국 교회에서 가장 인기 있는 신앙은 "신앙은 번지 점프와 같은 것"이라면서 "온 몸을 던지라"고 하는 간증자들의 신앙입니다. 이런 책들이 나와서 수십만 부가 팔리는 경우도 있습니다.

그러나 이런 주장은 매우 위험한 것입니다. 우리 내면 깊숙이 해결되지 않는 의문이나 불확실성이 존재한다면 우리는 기다려야 하는 것입니다. 하나님의 확실하고 의문 없는 평안이 주어질 때까지 기다려야 하며 기다리는 것이 신앙입니다. 의문이나 불확실에도 불구하고 모험하는 것은 신앙이 아니며 인본주의적인 행위이며 인간의 공로로 전락하는 것입니다.

- 히브리서 11장 신앙의 영웅은 영웅이 아니다.

우리는 바로 알아야 됩니다. 신앙은 하나님께서 신자에게 주신 선물인 것입니다. 성경은 신앙의 인물을 칭찬하기보다는 그 인물에게 신앙을 주신 하나님을 칭송하고 있습니다. 히브리서 11장의 믿음의 영웅들을 영웅으로 보게 되면 그것은 하나님의 뜻을 전혀 오해하는 것입니다. 오직 신앙을 그들에게 주시고 우리에게 주신 하나님과 그리스도만 영광을 받으셔야 합니다. 여러분이 가지고 있는 신앙이 참된 것이라고 한다면 그건 여러분의 것이 아니라 하나님과 우리 주 그리스도께서 주신 것입니다. 따라서 여러분에게 신앙이 있으면 그것은 자랑할 것이 아닙니다. 자랑 받으실 분은 오직 하나님과 우리 주 예수 그리스도이십니다.

3) 신앙은 자기 최면이 아니다

• 신앙은 그리스도의 사건이라는 역사적 사실 위에 기초한다.

세 번째로 신앙은 자기 최면이 아닙니다. 신앙은 실재하지 않는 것을 실재하는 것처럼 가정하고 자꾸만 그렇게 시인하는 반복적인 노력이 아닙니다. 참된 신앙은 신앙의 적극적 본질에서 말한 것처럼 하나님의 아들 예수 그리스도께서 이 땅에 인류 구원을 위해서 이루신 역사적 사실에 기초합니다.

구체적으로 말하면 그리스도의 탄생, 삶, 죽음, 부활, 그리고 승천과 성령강림이라는 역사적 사실에 기초하고 있습니다. 이 가운데서 예수 그리스도의 죽음과 부활을 그리스도의 사건이라고 하며, 이 그리스도의 사건이라고 하는 역사적 사실에 신앙은 기초합니다.

성경공부를 인도하다 보면 이 역사적 그리스도의 사건에 대한 참다운 신앙이 없는 신자들은 신앙을 자기 최면으로 보고자 하기도 합니다. 하나님께서 선물로 주신 믿음을 갖지 못한 신자는 이 그리스도의 사건이라는 역사적 사실을 스스로 믿고자 안간힘을 쓰는 것입니다. 그러나 자신이 스스로 믿고자 애를 쓰거나 노력을 하고 있다고 한다면 그것은 참다운 신앙이 아닙니다. 더욱이 자기 최면은 신앙이 아닙니다.

- 신앙은 항상 사실과 관련되어 있다.

성경에 나온 믿음의 사람들은 항상 어떤 사실을 보거나 듣거나 확인하고 믿었습니다. 믿음은 항시 어떤 사실과 연관된다는 것입니다. 앞서 말씀드린 것같이, 예컨대 "인간의 조상 아담이 하나님께 반역했다" 하는 것은 역사적 사실입니다. "하나님께서 메시아를 약속하셨다. 나는 죄인이다. 하나님께서 그분의 아들을 메시아로 이 세상에 보내셨다. 하나님의 아들이 우리 죄를 대신해서 십자가에서 못 박혀 죽으셨다. 그리스도께서 죽은 자 가운데서 다시 살아나셨다" 하는 이런 사실과 관련됩니다. 물론 이런 사실들은 특별히 예수 그리스도를 중심으로 하여 이루어진 것입니다.

그러므로 신앙은 실재하지 않은 것을 실재하는 것처럼 가정하고 자꾸만 그렇게 시인하는 반복적 노력이 아닙니다. 곧 자기 최면이 아닙니다. 우리는 수년 전에 선교회의 수련회 강사가 거울을 보면서 "나는 할 수 있다 할 수 있다" 이렇게 강조하고 그 믿음을 갖고 우리가 승리할 수 있다고 그렇게 말한 것을 여러분이 들은 기억이 날 것입니다. 그러나 그것은 믿음이 아니라 자기 최면에 불과한 것입니다.

4) 신앙은 인간 편에서 '동경의 산물'이나 '희망적 기대'가 아니다

- 그리스도인이란 나약한 존재이기 때문에 믿는 것이 아니다.

네 번째로 신앙은 인간 편에서 동경의 산물이나 희망적 기대가 아닙니다. 신앙은 인간이 나약하고 괴롭기 때문에 그렇게 되었으면 하고 동경하거나 희망적인 기대가 아니라는 말입니다.

오늘날 다수의 불신자들은 기독교 신앙을 이런 식으로 폄훼하고 있습니다. 그들에 의하면 그리스도인이란 나약한 존재들이라는 것입니다. 자기 자신을 믿을 만한 자신이 없으니까 전능자 하나님을 만들어 놓고 거기에 의지하고 있다는 것입니다.

● 벤허의 저자 류 윌레스

남북전쟁의 영웅이며 동시에 유명한 문필가였던 미국의 류 윌레스라는 사람이 있습니다. 이 사람은 불신자로서 사람들이 예수님을 믿고 그 굴레 안에 갇혀 사는 것을 분개해서 기독교 신앙을 영원히 도말해버릴 책을 쓰고자 했습니다. 그래서 그는 유럽과 미국의 유명한 도서관에서 기독교를 파괴할 자료를 찾으면서 2년 동안 연구했습니다.

그러나 그는 그 책의 제2장을 쓰다가 무릎을 꿇고 예수님께 "나의 주 나의 하나님"이라고 울부짖었습니다. 예수님의 신성이 그의 연구에서 어쩔 수 없이 확증되었기 때문입니다. 그 후 그는 지금까지 쓰였던 그리스도의 생애에 관한 가장 위대한 소설 중의 하나인 『벤허』를 썼습니다. 그게 영화화 되어 최고의 명작으로 계속 귀감이 되고 있습니다.

● 사도바울의 경우

신앙은 인간 편에서의 나약한 희망적 기대나 동경의 산물이 아닙니다. 신약성경의 중요한 인물인 사도 바울은 예수 그리스도를 인격적으로 만나기 전에 그 자신이 나약하고 괴롭기 때문에 예수님을 하나님의 아들 그리스도로 믿은 것이 아니었습니다. 바울은 살아계시며 말씀하시는 예수님을 직접 인격적으로 만났기 때문에 믿고 그 인생의 방향을 180도로 바꾸어 그리스도께 헌신한 사도가 되었습니다.

- 참된 신앙은 하나님의 확실한 약속에 기초하고 있다.

참된 신앙은 하나님의 확실한 약속에 기초하고 있습니다. 하나님께서는 말씀하시는 분입니다. 하나님께서는 그 말씀에 대한 위엄과 권위를 분명하게 역사 속에서 나타나고 증거하십니다. 다른 종교에는 이런 약속이 없습니다. 신앙의 대상인 절대 주권자의 약속이 없습니다. 그러나 기독교는 말씀하시는 하나님과 함께하는 종교입니다. 하나님께서는 그 말씀과 언제나 함께하십니다. 하나님의 말씀은 하나님에게서 떠나 독립되는 것이 아니라 언제나 그 말씀과 함께 현림하여 계십니다.

참된 신앙이란 인간 편에서의 나약한 희망적 기대나 동경의 산물이 아니라 하나님의 말씀에 대한 절대적 신뢰와 의존인 것입니다. 그러므로 신앙은 하나님의 말씀의 지지를 얻지 못하면 소멸하게 되어 있습니다. 그러나 이 하나님의 약속의 말씀이 있는 한 신앙의 과오가 섞여 있더라도 진정한 신앙은 반드시 이기게 되어 있습니다.

사람의 태만이라든가 무기력은 비록 그 신앙을 흐리게 할지라도 하나님의 약속을 믿는 참된 신앙은 소멸시키지 못합니다. 하나님의 약속은 무효가 될 수 없습니다. 그래서 여러분이 만일 신앙이 작든지 크든지 눈곱만치라도 신앙만 가지고 있다면 성공하게 되어 있습니다. 이걸 믿어야 됩니다.

5) 신앙은 신념이나 적극적인 사고방식이 아니다

● 신앙은 신뢰를 의미하는 관계적 개념이지 신념과 같은 의식 통제적 개념이 아니다.

다섯 번째로 신앙은 신념이나 적극적 사고방식이 아닙니다. 신앙은 자기 의지를 강하게 발동시켜서 마음만 먹으면 다 할 수 있다고 생각하는 신념이나 적극적 사고방식이 아닙니다. 신앙은 하나님께 신뢰를 의미하는 관계적 개념이지 신념과 같은 인간의 의식 통제적 개념이 아닙니다.

오늘날 그리스도의 교회에 가장 만연되고 있는, 신앙 아닌 것임에도 불구하고 신앙의 모습으로 위장해서 활동하고 있는 것이 바로 이 신념이라든가 적극적 사고방식이라든가 하는 것입니다. 신념의 마력, 이것을 주장합니다.

이것은 신앙의 근본을 하나님에게서 인간에게로 바꾸는 확실한 인본주의인 것입니다. 우리가 구원받는 것은 나는 구원받을 수 있다는 강한 신념을 통해서가 아닙니다. 적극적 사고방식이나 신념 때문에 구원받는다면 그 구원은 하나님의 선물이 될 수 없습니다. 진정한 신앙은 하나님께서 주신 선물이며 주어지는 것입니다. 우리가 만들어내는 의식 통제적 신념은 신앙이 아닙니다.

- 적극적 사고방식의 목회자 로버트 슐러 목사의 수정교회가 2011년 파산했다.

미국 대형교회의 효시인 로버트 슐러 목사가 세운 수정교회가 2011년 파산 끝에 건물을 매각하게 되었습니다. 로버트 슐러 목사는 적극적 사고방식을 교회 운영 원리로 세워 성공한 유명한 인물이었습니다. 그러나 목회 초기에는 교회가 화려하게 성장해서 많은 목회자들이 찾는 교회가 되었으나 후에는 교회가 크게 쇠퇴하기 시작했고, 마침내 그의 딸이 후임자로 세워진 뒤에는 교회 운영이 어려워져서 파산 신청과 아울러 건물을 매각하기에 이른 것입니다.

로버트 슐러 목사는 1960년 내지 1970년대에 자아실현의 욕구를 강조한 인간 잠재능력 회복운동이 급속도로 퍼질 때에, 이 인간 잠재 능력 회복 운동의 신학적인 명분을 제공하여 대형교회를 이루는 데 성공했습니다. 그러나 그런 신학은 진정한 복음이 아니었습니다. 인간 자아가 지배하는 문화에서 자기 존중의 복음은 복음이 아닌 것입니다. 문화적 접촉점을 찾아서 예수 그리스도의 복음에 활용하려는 시도는 결국 파산에 이를 수밖에 없었던 것입니다.

- 자아실현의 욕구를 강조하는 인간 잠재력(潛在力) 운동은 복음이 아니다.

우리는 바로 알아야 됩니다. 시대에 흐름에 부합하는 복음을 의미 있게 만들어내야 하는 일이 우리에게 달려있다는 생각은 꿈에라도 해서는 안 되는 것입니다. 그리스도의 죽음과 부활이라는 역사적 사건에 기초하지 않는 모든 인간적인 노력은 절대적으로 포기해야 합니다. 신앙은 하나님의 선물이며 위로부터 주어진 것입니다. 사람들이 왜 그리고 어떻게 해서 신앙으로 나오는지는 근본적으로 하나님의 신비에 속합니다. 한국 교회에도 로버트 슐러식 자아실현의 욕구를 만족하게 하고 성공적 자아상을 복음으로 입혀 전하는 목회자들이 없지 않다고 생각합니다.

다시 말하거니와 복음 신앙은 신념이나 적극적 사고방식이 아닙니다. 신앙은 하나님과 우리 주 예수 그리스도께 신뢰를 두는 관계적 개념이지 신념이나 적극적 사고방식과 같은 의식 통제적 개념이 아닌 것입니다.

6) 신앙은 인간의 내적 체험이 아니다

- 신앙의 근거는 자신의 주관적 체험이 아니다.

여섯 번째로 신앙은 인간의 내면적 체험도 아닙니다. 신앙은 하나님과 예수 그리스도에 대한 어린아이와 같은 믿음입니다. 신뢰입니다. 신비주의자들은 신앙의 근거를 자신의 주관적 체험에 두고 있으나, 참된 신앙은 예수 그리스도와 그의 복음에서 나옵니다.

- 로마서 10:17

로마서 10:17은 그렇게 말합니다.

그러므로 믿음은 들음에서 나며 들음은 그리스도의 말씀으로 말미암았느니라(롬 10:17).

- 현대 신학의 아버지 슐라이어마허의 신앙의 문제점

현대 신학의 아버지로 불리우는 슐라이어마허는 신앙을 하나님과의 연합이라는 내적 체험인 그가 스스로 이름을 붙인, "절대의존감정"으로 축소시켰습니다. 그에 의하면 신앙은 그리스도에 의해 우리 영적 요구가 충족되는 최초의 경험에 불과하다고 말했습니다. 즉 신앙은 예수 그리스도나 교리보다는 영혼이 하나님을 발견하는 새로운 심리적인 경험이며 새로운 의식이라는 것입니다. 슐라이어마허는 신앙이 하나님께 대한 어린아이와 같은 신뢰라는 것을 전혀 인식하지 못한 것입니다. 그의 후계자 리츨도 신앙이 신적 실재와의 접촉의 결과로 발원한다고 주장하는 점에서 슐라이어마허와 일치합니다.

그러나 이들의 주장에 의하면 신앙은 수동적인 동의가 아니라 능동적인 원리입니다. 이런 능동적인 신앙 안에서 인간은 하나님 나라를 자기 자신의 것으로 만들고 하나님 나라를 위해 노력하기 시작하며 이런 과정에서 구원을 발견합니다.

이와 같은 견해는 현대 자유주의 신앙의 특징을 대변하는 것입니다. 즉 자유주의 신학에서는 신앙이란 하늘이 일으키는 경험이 아니라 인간의 업적이요, 선물을 단순히 받아들이는 것이 아니라 공로적 행위요, 교리의 인정이 아니라 자신의 삶을 그리스도를 본받아 변화시키는 노력에 의해서 그리스도를 스승으로 삼는 일이 됩니다.

신앙이란 자신의 공로적 혹은 내재적 경험에 의해서 의롭게 되는 것이 아니라 오직 그리스도의 공로 안에서 하나님께서 주신 것들을 받아들이며 붙드는 도구인 것입니다. 이 신앙은 하나님의 선물이며 그 다음에 하나님을 의존하는 인간의 행위인 것입니다.

오늘날 신앙이 예수 그리스도의 복음 선포를 통해서 밖으로부터 우리에게 찾아온다(롬10:17)는 진리에 역행해서 자신 안에서 생겨나는 내적 체험이라는 비진리가 그리스도의 교회에 굳게 자리를 잡고 군림하고 있습니다.

그것은 자유주의 신학자들의 공로적 행위로 인한 그리스도를 본받아 변화 받으려는 노력뿐만 아니라, 또 다른 인간적 공로 사상인 불건전 신비주의자들의 내적 체험을 통한 은사주의자들의 신앙도 마찬가지입니다. 이 둘은 모두가 그 근본이 하늘에 있지 않고 인간 자신의 업적이나 공로에 있다는 점에서 동일합니다.

● 불건전 신비주의자들의 은사주의적 신앙의 문제점

오늘날 오순절주의 운동이 세계적으로 전개되어 가는 과정 속에 바른 것도 있지만 그중에 잘못된 은사주의자들의 불건전 신비주의 운동이 그리스도의 교회에 참된 신앙을 세우는 데 큰 장애물이 되고 있습니다. 오늘날 불건전 신비주의자들은 성령을 예수 그리스도와 그의 말씀에서 독립시켜 취급을 합니다.

이들은 예수 그리스도를 객관적 진리로서 보기를 원치 아니하고 주관적인 느낌에서만 찾습니다. 또 그들은 영적으로 보다는 육체의 감각으로 느끼고 판단하고자 합니다. 불건전 신비주의자들은 자기들의 노력과 활동에 의해서 신비에 참여한 것으로 생각을 합니다. 그래서 그런 신비 체험을 하려고 발버둥을 칩니다. 그래서 이상한 체험이 오면 "그것이 내 신앙의 근거다" 그렇게 얘기합니다. 그러나 가짜가 많습니다. 진정한 신앙은 인간의 발견에 의해서가 아니라 예수 그리스도의 말씀에 의하여 우리에게 왔고 성령님에 의해서 그것을 받게 됩니다. 이것이 진정한 구원의 신앙입니다.

7) 신앙은 종교가 아니다.

일곱 번째로 신앙은 종교가 아닙니다. 우리는 앞서 신앙이란 하나님과 우리 주 예수 그리스도께 대한 신뢰이며 하나님의 선물로 정의했습니다. 이런 신앙이 주어지면 신앙은 성령을 임하시게 하여 하나님에 대한 사랑과 찬양의 마음에서 자발적으로 모든 사람에게 아무 때고 기꺼이 선을 행하고 도와주고 모든 것을 참게 합니다. 신앙은 선행을 행해야 하는가 묻지 않고 묻기 전에 이미 선행을 행했으며 또한 부단히 행하고 있습니다.

- 신앙이 부패하면 종교가 된다. 인간의 행복과 평안과 부를 얻고자 한다(행복주의 추구)

그런데 참된 신앙이 아니거나 혹은 신앙이 떨어지고 신앙이 부패하기 시작하면 신앙의 형식은 있으나 신앙의 열정이 없는 종교적 행위로 떨어집니다. 여기서 말하는 종교란 하나님과 예수 그리스도는 인정하지만 진리를 따르지 않고 인간의 행복과 마음의 평안을 얻고자 하는 의식적 행위들을 말합니다.

- 하나님의 말씀의 빈곤이 있다.

한 개인이 신앙에서 떠나 종교적 행사나 종교의식으로만 신앙생활을 하다가 보면 거기에 따르는 것이 있습니다. 그것은 뭐냐? 소위 행복주의라는 것입니다. 그 개인에게는 예수 그리스도와 진리의 말씀이 없습니다. 있다고 하더라도 말씀이 빈곤합니다. 그러면 그 사람은 진리의 말씀을 따라 신앙생활을 하는 것이 아니라 자신이 생각하는 그럴듯한 종교상식을 가지고 대처합니다. 그 목표는 행복 추구입니다. 소위 종교생활입니다.

- 구약시대 이스라엘 백성의 경우가 이에 해당한다.

구약시대의 이스라엘 역사의 경우 당대의 참 위험은 종교가 신앙을 대신한 데 있었습니다. 구약백성들이 참된 신앙을 가지고 있는 듯하다가 시간이 지나면 전부 종교생활로 빠지고 말았습니다.

그들은 말씀의 빈곤을 종교적 상식으로 대체했습니다. 그리고 종교라는 안전한 피난처를 취함으로 말씀을 따라 사는 삶으로 부터 떠나서 그들 주위에 가나안 족속들처럼 행복주의를 추구하면서 살아가고자 했습니다.

그래서 구약 선지자들의 직책은 하나님의 말씀을 선포함으로 말씀 따라 순종의 삶을 살게 하는 하나님의 입이 되었습니다. "회개하라 회개하라" 그렇게 하나님의 말씀을 전했습니다. 이스라엘이 진리에서 떠나 행복주의에 빠져 모든 것이 잘 되고 있다 할 때에 선지자들은 하나님의 심판을 외쳤던 것입니다.

- 자기를 지배하는 창조적인 능력이 없을 때, 현상유지로 살고자 할 때, 종교가 신앙을 대체하게 된다.

오늘날도 마찬가지입니다. 신자가 신앙이 있다고 하면서 전심으로 하나님의 나라와 의를 추구하지 않고 행복주의에 빠지고 마음의 평안을 구하면서 현상 유지적 생활을 하면 신앙은 사라지고 종교가 대신 자리를 잡게 됩니다. 요컨대 자기를 지배하는 창조적인 하나님의 능력이 없을 때에는 하나님께서 나를 지배하지 않고 있다는 증거입니다.

참된 신앙은 성령을 임하시게 하는 것입니다. 성령님께서 임하시는 참된 신앙은 우리를 변화시키고 하나님에게서 새로 나게 하며 우리 가운데서 일어나는 하나님의 역사입니다. 이 신앙은 실로 살아있고 적극적이며 활동적이고 힘찬 것입니다.

그러므로 잠자는 것과 같이 게으르고 편안하고 안일한 것만 추구한다면 그것은 신앙이 아닙니다. 참된 신앙은 '어찌해서든지 하나님께서 나를 보내신 일을 이루어야 되겠다 그리고 이것은 싸우는 일이고 이것은 창조하는 일이며 그것은 이전 사람들이 하지 못했던 일이라 나는 이런 세계를 개척해야겠다' 하면서 간절한 열정을 가지고 전진하는 것입니다.

반면에 현상유지로 살겠다고 하면 이것은 벌써 신앙의 부패인 것입니다. 종교가 신앙을 대체하고 있는 것입니다. 참된 신앙은 종교가 아닙니다. 신앙은 하나님과 그리스도께 대한 전적인 의존이며 마음과 영과 정신과 능력에 있어서 하나님의 능력의 역사입니다. 하나님의 능력이 여러분 안에 역사한다고 하면 가만히 있을 수가 없는 것입니다. 신자는 이런 믿음의 역사가 있도록 기도하면서 사는 자입니다.

우리는 지금까지 구원 얻는 신앙이란 무엇인가? 그 신앙의 의의(意義)와 본질, 그리고 그 본질적 특징들을 검토했습니다.

신앙이란 무엇인가? 신앙이란 하나님과 그분의 아들 예수 그리스도에 대한 신뢰라고 정의했습니다. 이런 신뢰는 인간의 스스로 행위가 아니라 성령으로 말미암아 마음에 일으키게 된 진리의 확신으로 하나님의 선물이라는 것이 신앙의 본질이었습니다.

이런 신앙의 본질은 신앙이 인간 영혼의 활동으로 진리를 지적으로 인식하는 것이며 인식한 진리를 찬동하고 하나님과 그리스도께 나아가 붙잡는 영혼의 행위였습니다. 이런 신앙의 본질을 중심으로 우리는 신앙의 본질의 적극적 및 소극적 특징들을 열네 가지로 범주화해서 논했습니다.

이제 말씀을 정리하며 마치고자 합니다.

4. 결론: "참된 신앙의 역사를 일으켜 주시고, 믿음을 더해주소서"라고 기도할 것이다

예수님은 그리스도시오 살아계신 하나님의 아들이십니다. 예수님은 하나님의 아들 그리스도시라는 증거로 십자가에서 우리 죄를 대신해서 피흘려 죽으시고 죽은 자들 가운데서 부활하셨습니다. 이 그리스도의 죽음과 부활의 복음으로 여러분 인생의 모든 문제가 처리되고 해답을 얻습니다. 참되게 이 복음으로 깊이 뿌리를 내려서 참된 신앙을 갖기를 기원합니다.

구원 얻는 신앙은 하나님의 선물로 주어지는 것이지만 우리 자신의 의무가 배제되는 것이 아닙니다. 우리 자신은 자신이 악한 죄인인 것을 자각하고 가난한 심령이 되어서 참되게 구원의 하나님과 그분의 아들 예수 그리스도를 알기를 열망해야 합니다.

저는 신앙 초기에 병고침 받으려고 기도원을 찾아가 기도하는 가운데 예수 그리스도의 십자가의 사랑에 대한 접촉점을 갖고 돌아왔습니다. 그리고 수년 동안 참된 신앙을 갖고자 열망하면서 1970년대 당시 유행하던 심령부흥회란 부흥회를 수없이 찾아다니면서 은혜를 구했습니다. 그러나 그때 예수님이 하나님의 아들이시라는 확신이 없었습니다. 그러면 언제 그 확신과 신앙을 가졌느냐?

부흥회를 한 일 년 이상 쫓아다녔는데 그런 부흥회 현장에서가 아니라 제가 속한 교회에서 자정 예배를 드리고 집에 와서 잠을 자고 아침에 눈을 떴는데, 복음 진리의 말씀, 예수님이 하나님의 아들이시라는 복음 진리의 말씀이 제 영혼 속에 갑자기 들어왔습니다. 예수님이 하나님의 아들이시라는 진리의 말씀이 의심 없이 믿어졌습니다. 수년간의 나의 진지한 하나님과 예수 그리스도의 추구에 대한 하나님의 응답이었습니다.

그날 이후로 저에게 선물로 주어진 예수님이 하나님의 아들이시라는 신앙은 지금까지 한 번도 흔들림 없이 35년 이상 계속되고 있습니다. 물론 이 신앙은 하나님의 선물로 주어지는 것이지만 동시에 저는 이 믿음을 적극적으로 날마다 유지하기 위해서 지금도 모든 복음 진리에 대한 말씀을 수백 개를 외우고 암송하고 묵상하고 기도하면서 이 신앙을 일으키고 하루를 시작합니다.

저는 이 믿음으로 하루를 시작하고 이 믿음으로 하루를 마감합니다. 오직 믿음, 오직 그리스도, 오직 은혜입니다. 믿음으로 산다는 것은 기도하는 것이기 때문에 끊임없이 기도하고 또 기도하며 삽니다. 눈을 감고도 기도하고 눈을 뜨고도 기도합니다. 대화하면서도 때로는 마음으로 기도합니다. 생각으로 기도합니다. 곧 우리 주 그리스도께 맡기고 의뢰하는 것입니다. 십자가에 못 박히신 그리스도를 바라보는 것입니다.

우리 모두 이런 믿음의 역사를 일으켜주시도록 기도해야겠습니다. 우리에게 믿음을 더해주시도록 기도해야겠습니다. 예수님의 제자들도 기도했습니다.

> 사도들이 주께 여짜오되 우리에게 믿음을 더하소서 하니
> (눅 17:5).

우리도 "아버지 하나님이시여, 예수님이시여 우리에게 믿음을 더하여주시옵소서" 하고 기도해야겠습니다.

살아계신 아버지 하나님, 하나님 은혜를 감사합니다. 참된 신앙을 우리는 갖기를 소원합니다. 어린아이처럼 하나님과 예수 그리스도를 신뢰하기를 기도합니다.

어린아이들이 의심 없이 엄마 아빠에게 가서 자기 몸을 던지는 것처럼 우리는 우리 주님께 이렇게 우리의 인생의 운명을 맡기면서 던집니다. 아무 의심 없이 맡깁니다. 우리가 믿음을 일으키려고 노력하고 애쓰고 뭐 힘쓸 필요가 없이 주시는 선물 그대로 믿고 의지합니다. 이 귀한 믿음을 선물로 주신 우리 주님을 찬양하면서 이런 믿음을 갖게 될 때 위대한 하나님의 성령이 나타나서 하나님의 능력이 나타나서 이 능력을 가지고 나 자신의 죄악도 이기며 세상의 미움도 꺾으면서 사탄의 역사, 어둠의 세력을 꺾으며 살 수 있는 권세 있는 종이 되게 하시니 감사를 드립니다.

오늘도 믿음 충만, 성령의 충만, 권능으로 충만을 우리에게 부으셔서 예수 충만, 권능 충만, 진리 충만, 말씀 충만, 성경으로 충만, 사랑으로 충만케 하여 주옵소서. 오! 아버지여 우리에게 믿음을 더하여 주시옵소서. 믿음이 없는 사람은 오늘 진리의 말씀을 들었으니 이 진리의 말씀과 함께 믿

음이 저들 심령 속에 생기게 하여 주옵소서. 예수 그리스도 이름으로 기도하옵나이다. 아멘

제2장
신앙의 기능

1. 신앙, 인생에 가장 가치 있는 축복

2. 구원 얻는 신앙의 기능
    1) 신앙은 칭의, 곧 의롭다 함을 얻게 한다
    2) 신앙은 하나님과의 교제를 가능하게 하고 하나님을 기쁘시게 한다
    3) 신앙은 기도를 일으킨다
    4) 신앙은 성령을 임하시게 한다
    5) 신앙은 하나님 사랑과 이웃 사랑을 하게 한다
    6) 신앙은 하나님과 그분이 하신 일을 이해하게 한다
    7) 신앙은 그리스도 안에 있는 모든 기쁨과 평강을 누리게 한다
    8) 신앙은 영적 싸움에서 승리하게 한다
    9) 신앙은 회개를 일으킨다
    10) 신앙은 거룩의 열매를 맺게 한다

3. 결론: 그리스도인은 믿음으로 살아야 한다

1. 신앙, 인생에 가장 가치 있는 축복

예수님은 그리스도시오 살아계신 하나님의 아들이십니다. 예수님이 하나님의 아들 그리스도시라는 증거로 십자가에서 우리 죄를 대신해서 피 흘려 죽으시고 죽은 자들 가운데 부활하셨습니다. 이 예수님이 하나님의 아들 그리스도시라는 복음, 그리고 예수님이 십자가에서 우리 죄를 대속해서 우리 인생의 죄와 죽음과 저주와 재앙의 세력을 정복하시고 영생을 주셨다는 이 생명의 복음으로 우리 인생의 문제가 처리되고 해답을 얻습니다. 참되게 이 복음으로 깊이 뿌리 내리기를 기원합니다.

신자가 복음으로 깊이 뿌리내릴 때 하나님과 그분의 아들 예수 그리스도를 바로 알고 오직 하나님과 그분의 아들 그리스도의 공로만 붙잡는 믿음으로 살게 됩니다.

● 구원 얻는 믿음은 하나님과 예수 그리스도께 대한 신뢰

구원 얻는 믿음이란 하나님과 우리 주 그리스도에 대한 신뢰이며, 오직 그리스도의 공로 안에서 하나님께서 주신 것들을 받아들이며 포착하는 도구요 하나님의 은혜의 선물입니다. 이 믿음이란

은혜의 선물을 받는 자는 인생일대에 있어서 최고 최상의 축복을 얻은 자이며 더 이상 바랄 것이 없는 축복을 받은 자이기도 합니다.

예수님을 하나님의 아들 그리스도로 알고 믿는 것보다 더 인생에 있어서 더 가치 있는 것은 없습니다. 인생에 있어서 가장 가치 있는 것은 한마디로 예수님을 믿는 것입니다. 저는 진심으로 이 메시지를 사랑하고 지고의 삶의 목표와 방향과 의미와 소망으로 살아갑니다. 예수 믿는 것, 이 보다 더 가치 있는 것은 세상에 없습니다.

● 신앙의 기능 열 가지

도대체 신앙이 어떤 기능, 어떤 역할을 수행하기에 예수 믿는 것이 인생에 있어서 가장 가치 있는 것인가? 오늘 여러분은 신앙의 기능 열 가지를 들으면서 이런 신앙의 역사 속에서 믿음으로 사는 자들 되기를 기원합니다.

죄송하지만, 남의 이야기가 아닌 제 자신이 예수 믿는 축복을 간단히 말씀드리고자 합니다. 예수 믿는 축복이란 예수님을 하나님의 아들 그리스도로 믿는 신앙의 기능에 따른 역사를 말합니다. 여러분도 모두 다 예수님을 그리스도로 믿고 그 믿음의 역사에 따른 은혜의 간증들이 많을 것으로 봅니다.

● 저자(임덕규 목사)의 불신의 과거와 신앙의 현재

저는 30대 초에 예수님을 믿기 시작한 사람입니다. 하나님과 우리 주 그리스도의 피의 공로를 의지하고 붙잡는 믿음이 없었다면 내가 오늘 이렇게 살아있을지 의문입니다. 아마 저는 30대 초에 세상을 마감했을 것으로 봅니다.

제가 고등학교 2학년 때인가 친구 집에 놀러갔는데 그곳에서 어떤 관상을 잘 보는 사람이 저를 보고는 제 친구에게 이렇게 얘기했답니다. "저 학생은 30대 초에 죽을 것 같다." 그 말을 저는 간접적으로 들었습니다.

그때 당시 제가 대단히 회의적이고 음울한 사람이었기에 그 사람이 저를 보자마자 나는 사탄에 사로잡힌 사람으로 제 운명대로 못 살고 일찍 죽을 것이라고 말한 것으로 생각도 됩니다. 저는 그때 그 말을 우습게 알고 무시했으며 잊고 살았습니다.

그런데 과연 제가 30대 초에 죽을 뻔했습니다. 위장 질환을 심하게 앓아서 전혀 소화 기능이 마비되고 우울증을 심하게 앓아서 죽게 된 것입니다. 지금 생각해보니까 소위 제 팔자와 운명이 30대 초에 죽게 되었다고 본 그 관상가의 말이 응했을지도 모릅니다.

물론 저는 학창 시절에도 팔자와 운명을 안 믿었습니다. 그런데 어쨌든 제가 30대 초에 건강이 악화돼서 매일 죽음을 생각하며 살았었던 때가 있었습니다. 그때 만일 제가 하나님과 우리 주 그리스도의 구원의 은혜를 얻지 못했다고 그러면 저는 아마 죽었을 것으로 생각이 됩니다.

그러나 그런 죽음이라는 코너로 제가 몰리게 되었을 때에 하나님께서는 저로 멸망의 길을 걷게 하지 않고 하나님을 찾게 만들었습니다. 하나님을 찾는 길, 하나님을 만나는 길, 예수 그리스도를 찾고 예수 그리스도를 인격적으로 알게 되었습니다.

하나님의 은혜로 어느 날엔가 예수님이 하나님의 아들이시라는 진리의 말씀을 정확하게 제가 받았습니다. 그러면서 하나님의 아들 예수 그리스도의 십자가 대속의 사랑을 깨달아 가면서 예수님만을 믿고 살아왔습니다.

● 지옥생활에서 천국생활로

예수님을 딱 하나님의 아들 그리스도로 믿고 내 안에 그분이 들어와서 빛 속에 내가 살게 되었을 때 제 삶에는 천지개벽의 역사가 일어났습니다. 지옥생활에서 천국생활로 옮겨졌고 믿음 때문에 신령한 기쁨과 평강의 삶을 누리며 살 수 있게 되었습니다. 어둠 속에 살던 제가 갑자기 그리스도의 빛 속에 들어와 사는 믿음의 삶은 지상의 그 어떤 것도 비교할 수 없는 것이었습니다.

그래서 제가 돌아다니면서 예수 믿으라고 하니까 임덕규가 미쳤다는 소리를 초창기에 엄청 많이 들었습니다. 임덕규가 갑자기 미쳤다는 겁니다. 그건 사실 미친 것입니다. 세상 사람들이 볼 때는 미쳤지만, 예수님을 믿고 예수님을 닮아간 나는 정상인이 되어가는 중인 것입니다. 하나님을 떠난 생애는 그 정도에 차이가 있지만 모두 일종의 정신이상 가운데 사는 것입니다.

세상에 예수님을 하나님의 아들 그리스도로 믿는 것보다 더 좋은 것은 없습니다. 더 가치 있는 것도 없습니다. 더 감격적이고 기쁜 것도 없습니다. 더 평안을 누리는 것도 없습니다. 세상에 참된 평안이 없습니다. 그리스도 안에만 진정한 평안이 있습니다.

그리스도의 십자가의 대속의 사랑이 너무 감격스러워서 그 사랑을 받고 사는 내가 너무 행복한 것입니다. 백 번 죽어도 마땅한 죄인을 그리스도의 피로 의롭다 해서 하나님의 자녀로 삼고 자녀의 특권을 누리며 살게 한다니 얼마나 감사합니까? 그 사랑을 말로 표현할 수가 없습니다.

- 믿음보다 가치 있는 것은 없다.

그래서 세상에 이 믿음보다도 가치 있고 귀한 것이 어디 있겠느냐? 저는 확실히 이걸 믿는 것입니다. 그래서 이 믿음을 활용하면서 날마다 기도하고 하나님과 그분의 아들 그리스도와 교제하며 살고 응답해주시는 은총 속에 살고 있기에 따지고 보면 꿈같은 삶인 것입니다.

그러나 그리스도 안에 믿음으로 사는 삶은 꿈이 아니라 참된 실재이며 도리어 그리스도 밖에서 불신으로 사는 삶이 허상의 삶이요 일장춘몽의 삶입니다. 세상 사람들은 전부 일장춘몽의 삶을 살다가 어디로 가는지도 모르고 살고 있습니다. 다 허무의 삶이고 이제 끝나고 보면 '아! 인생이 허무했구나!' 그렇게 자탄하면서 삽니다.

- 김종필 전 국무총리의 묘비명

2015년 1월에 전(前) 국무총리와 자민련 총재였던 김종필 씨가 90세를 맞이해 기자와 인터뷰를 하면서 그의 묘비명(墓碑銘)을 소개했습니다.

年九十而知八十九非(연구십이지팔십구비)

(나이 90이 되어 생각해보니 지난 89세까지의 인생이 모두 헛되구나!)

인터뷰 기자가 물었습니다.

"정말 그렇게 생각하십니까?"

"진짜 그렇습니다. 젊어서는 잘 몰랐는데 이제 졸수(卒壽)가 되니까 알겠습니다. 돌이켜보면 내가 뭘 남겨놨단 말인가 하는 한탄 밖에 안 나옵니다."

김종필 전 총리는 한국 근대화와 민주화의 한가운데 있으며, 그분 나름대로 큰일도 한 분이었으나, 나이 90이 되어 인생 허무를 깨달은 것입니다. 예수 그리스도를 만나지 못한 인생은 다 이런 허무로 인생을 종결하게 되어 있습니다.

- 천국이 우리를 기다리고 있다.

예수 그리스도 복음을 받은 우리는 인생을 마치면서 허무가 아니라 영광스러운 미래를 가지고 있음을 확신합니다. 현재보다 비교할 수 없이 더 좋은 천국이 우리를 기다리고 있기 때문입니다. 얼마나 좋습니까!

그러므로 참된 믿음을 갖고 하나님의 아들 예수 그리스도와 더불어 교제하며 사는 삶은 얼마나 귀하고 귀한 것입니까! 이 신령한 믿음으로 하나님의 뜻을 알게 되어서 하나님 사랑과 이웃 사랑을 하며 살게 됩니다. 이 믿음으로 어둠의 세력을 정복하고 승리하며 삽니다.

이 진정한 믿음으로 우리는 언제든지 모든 어둠의 세력을 꺾으면서 승리하며 삽니다. 신앙을 가진 자는 절대 실패할 수가 없습니다. 신앙을 가진 자는 예수님이 함께하시기 때문에 일천 번 사탄의 공격을 받아도 마침내 이깁니다.

또한 우리는 이 믿음으로 거룩한 삶의 열매도 맺고 살아갑니다. 우리는 이 믿음으로 예수 그리스도와 하늘나라를 소망하며 살고 이 믿음으로 현재의 고난을 극복하며 삽니다. 고난이 있습니까? 믿음 충만, 성령으로 충만, 예수 그리스도를 믿음으로 극복합니다.

이런 믿음의 삶이 오늘 말씀드릴 신앙의 기능 열 가지를 통해서 얻는 결실입니다. 저는 앞으로 하나님과 우리 주 예수 그리스도에 대한 참된 신뢰를 갖는 구원 얻는 신앙에 대한 기능 혹은 그 역할에 관해서 구체적으로 하나하나 열거해보고자 합니다.

2. 구원 얻는 신앙의 기능

1) 신앙은 칭의, 곧 의롭다 함을 얻게 한다

구원 얻는 신앙의 기능 첫 번째는, 칭의, 곧 의롭다 함을 얻게 하는 것입니다. 신앙은 의롭다 함을 얻게 하는 유일한 통로입니다. 죄인된 인간이 죄사함 받고 하나님의 자녀가 되어 영생을 얻는 삶을 살게 하는 칭의, 곧 의롭다 함을 얻는 방법은 오직 믿음뿐입니다.

- 에베소서 2:8-9

사도 바울은 에베소서 2:8-9에서 분명히 이 사실을 밝혔습니다.

> 너희는 그 은혜에 의하여 믿음으로 말미암아 구원을 받았으니 이것은 너희에게서 난 것이 아니요 하나님의 선물이라 행위에서 난 것이 아니니 이는 누구든지 자랑하지 못하게 함이라(엡 2:8-9).

곧 믿음은 하나님의 선물이며 믿음만이 우리가 하나님 앞에서 칭의를 얻을 수 있는 유일한 통로입니다.

그러면 칭의란 무엇입니까? 칭의란 하나님께서 예수 그리스도의 십자가의 대속의 공로를 통한 완전한 의를 근거로 해서 죄인을 의롭다고 선언하시는 하나님의 법적인 행위입니다.

칭의로 인해서 우리는 죄사함을 받습니다. 죄사함보다 더 중요한 것은 없습니다. 죄사함은 다른 모든 하나님의 축복과 은혜의 초석입니다. 죄사함은 축복의 장애물을 제거하는 것과 같은 것입니다. 죄사함이 없이 우리는 아무것도 할 수 없습니다. 사형선고를 받고 사는 인간에게 무슨 소망이 있습니까? 억만금을 준다고 할지라도 지금 내일모레 사형당하는 사람한테는 그게 별로 가치있는 것이 아닙니다. 지옥에 가게 되어 있는 인간이라면, 그런 인간에게 무슨 소망이 있겠습니까!

- "깡통을 차고 빌어먹어도 지옥만은 가지 말라."

최근에 50년 간 한 교회를 섬긴 장로님의 간증 책이 인기리에 팔리고 있는데, 그 책 『깡통을 차고 빌어먹어도 지옥만은 가지 말라』의 내용은 이렇습니다. 그 장로님이 산신을 섬기다가 예수님을 만났다는 이야기입니다. 가족 중에 무당만 다섯 명이던 장로님이 천국과 지옥을 본 이야기입니다. 이런 간증 책은 많이 팔리는 것이 우리 한국 독서계의 특징입니다. 많이 팔립니다. 심지어 지난번에 우리 사경회 때 참석했던 노 목사님이 계신데 이분이 저에게 여러 번 전화하셔서 이 책을 사서 보라고 하셨습니다. 『깡통을 차고 빌어먹어도 지옥만은 가지 말라』를 하도 얘기해서 할 수 없이 사서 봤는데, 전부 지옥 얘기입니다.

그런데 그분은 한 교회를 50년 동안 힘을 다해서 섬긴 것을 보니까 훌륭한 분 같기는 합니다만, 그 내용은 성경에 꼭 있는 것들이 아니기 때문에 모두 사실로 믿어야 할 만한 이유는 없습니다.

아무튼 그 장로님이 예수님을 믿으니까 그 아들도 막 죽는 겁니다. 그러니까 기절해가지고 탄식을 하는데, 기절했을 때 열린 세계를 보았습니다. 그러면서 본 천국과 지옥 얘기를 하는데, 여러분은 꼭 볼 필요는 없습니다. 왜냐면 성경에서 얘기하는 대로만 우리가 믿으면 되기 때문입니다.

그러나 아무튼 그 제목은 우리가 반드시 들어야 할 제목입니다. "깡통을 차고 빌어먹어도 지옥만은 가지 말라." 지옥은 반드시 있기 때문입니다. 성경은 의문의 여지가 없이 명백하게 지옥과 지옥의 고통을 기록하고 있습니다. 그런데 어떻게 해서 지옥에 가지 않을 수 있느냐? 그것은 여러분이 하나님 앞에 칭의를 얻으면 됩니다. 예수님이 십자가에서 내 죄를 대신 담당하시고 피 흘려 죽으신 공로를 믿을 때 지옥에 안 갑니다. 믿음은 우리에게 죄사함을 얻도록 하는 유일한 통로입니다.

또한 믿음으로 인한 칭의는 하나님의 자녀가 되게 하는 은총도 얻게 합니다. 하나님의 양자가 되게 하는 것입니다. 요한복음 1:12에 보면 다음과 같이 말씀합니다.

> 영접하는 자 곧 그 이름을 믿는 자들에게는 하나님의 자녀
> 가 되는 권세를 주셨으니(요 1:12).

죄인이 하나님의 자녀로 입양될 때 영생의 축복을 누리는 것도 전부 칭의의 결과입니다.

믿음으로 의롭다 함을 얻은 자는 이 세상에서 구원의 모든 축복의 후사가 되지만, 동시에 하늘에서 약속된 하늘나라 기업까지도 우리에게 주신다고 약속을 합니다. 영생의 축복을 누리게 하는 것입니다.

그래서 예수님을 하나님의 아들 그리스도로 믿는 신자는 예수 그리스도와 하늘나라를 소망으로 삼고 사는 것입니다. 신자들이 저 세상인 하늘나라를 잘 믿지 못하고 현세 중심으로만 살고 있기 때

문에 천국과 지옥의 간증들이 인기가 있다고 생각이 됩니다.

　우리 모두는 예수님을 그리스도로 믿고 칭의, 곧 의롭다 함을 반드시 얻어야 합니다. 그래서 이 세상에 살면서 칭의를 얻고 죄사함의 확신 속에 평안을 누리며 살고 영생을 맛보며 살다가 천국으로 가야 합니다. 살아있을 때에 죄사함과 영생의 축복을 못 얻으면 죽은 이후에는 칭의를 얻을 기회가 없습니다. 여러분이 지금 하나님께서 주신 육신의 생명이 존재할 때에 예수님을 믿고 칭의를 얻어야 됩니다.

　칭의는 은혜로 받습니다. 오직 믿음으로 죄인의 신분에서 의인의 신분이 됩니다. 우리 모두는 깡통을 차고 빌어먹어도 지옥만은 절대 가서는 안 되겠습니다.

2) 신앙은 하나님과 교제할 수 있게 하며 하나님을 기쁘시게 한다

　두 번째로 신앙은 하나님과의 교제를 가능하게 하고 하나님을 기쁘시게 합니다. 타락해서 죄악에 물든 인간은 하나님을 떠나 있으며 하나님께 나아가 하나님과 교제할 수 있는 길이 없습니다. 이사야서에서 다음과 같이 말씀합니다.

- 이사야 59:1-2

이사야서 59:1-2에 보면 다음과 같이 말씀합니다.

> 여호와의 손이 짧아 구원하지 못하심도 아니요 귀가 둔하여 듣지 못하심도 아니라 오직 너희 죄악이 너희와 너희 하나님 사이를 갈라 놓았고 너희 죄가 그의 얼굴을 가리어서 너희에게서 듣지 않으시게 함이니라(사 59:1-2).

하나님과 죄인된 인간 사이에는 죄악의 장벽 때문에 인간이 하나님께 나아가 하나님과 교제하는 것이 불가능하게 되었습니다. 하나님께서는 범죄하여 하나님을 떠난 인간들에게 다시 하나님께 돌아와 하나님과 교제할 수 있는 길을 마련하시는 데, 그 길이 구약시대에는 피의 희생제사 제도요 신약시대에는 그 피의 희생제사를 완성하신 그리스도의 십자가의 대속의 죽음의 은혜입니다.

그러므로 하나님께 나아가 하나님과 교제하는 길인 대속의 십자가의 죽음을 믿는 자만이 예수님의 피를 힘입고 하나님께 나아가 교제할 수가 있습니다. 히브리서에서는 다음과 같이 말씀합니다.

- 히브리서 10:19-20

히브리서 10:19-20은 분명히 그렇게 말씀을 합니다.

> 그러므로 형제들아 우리가 예수의 피를 힘입어 성소에 들어갈 담력을 얻었나니 그 길은 우리를 위하여 휘장 가운데로 열어 놓으신 새로운 살 길이요 휘장은 곧 그의 육체니라 (히 10:19-20).

신약시대의 우리는 예수님의 피를 힘입어, 곧 예수님의 피인 십자가의 대속의 죽음을 믿고 성소에 계신 하나님께 나아가서 하나님을 뵈옵고 하나님과 교제할 수 있는 것입니다.

하나님께 나아가 하나님과 교제하는 길인 예수님의 피, 곧 십자가의 대속의 죽음을 믿는 일이 너무나 중요합니다. 그래서 제가 항상 입을 벌렸다 하면 예수님의 보혈을 중요하게 얘기하는 것은 예수님을 믿는다는 것은 단적으로 예수님의 피를 믿는다는 말이기도 하는 것입니다. 예수님의 대속의 피가 복음의 핵심입니다.

이 예수님의 대속의 피를 믿는 신앙으로만 하나님과의 교제가 가능하고 다른 길은 없습니다. 그래서 이 대속의 피를 믿는 믿음만

이 하나님을 기쁘시게 합니다.

- 히브리서 11:6

히브리서 11:6에 보면 다음과 같이 말씀하였습니다.

> 믿음이 없이는 하나님을 기쁘시게 하지 못하나니 하나님께 나아가는 자는 반드시 그가 계신 것과 또한 그가 자기를 찾는 자들에게 상 주시는 이심을 믿어야 할지니라(히 11:6).

우리 모두는 하나님과 교제하는 믿음을 회복해야 되겠습니다. 여러분은 날마다 예수님의 피를 힘입고 은혜의 보좌 앞에 담대히 나아가 하나님과 교제하며 하나님을 기쁘시게 하는 자 되기를 기원합니다.

3) 신앙은 기도를 일으킨다

세 번째로 신앙은 기도를 일으킵니다. 예수님께서는 신앙과 기도를 밀접하게 결합시켰습니다.

- 마가복음 11:22-24

마가복음 11:22-24에 보면 다음과 같이 말씀합니다.

> 예수께서 그들에게 대답하여 이르시되 하나님을 믿으라 내가 진실로 너희에게 이르노니 누구든지 이 산더러 들리어 바다에 던져지라 하며 그 말하는 것이 이루어질 줄 믿고 마음에 의심하지 아니하면 그대로 되리라 그러므로 내가 너희에게 말하노니 무엇이든지 기도하고 구하는 것은 받은 줄로 믿으라 그리하면 너희에게 그대로 되리라(막 11:22-24).

- 예수님께서는 신앙에 기도를 덧붙이신다.

예수님께서는 먼저 "하나님을 믿으라" 그렇게 신앙을 말하면서 동시에 이 신앙에 기도를 덧붙이고 계십니다. "무엇이든지 기도하고 구한 것은 받은 줄로 믿으라" 이렇게 기도를 덧붙이고 계십니다. 예수님께서는 신앙에 기도가 따르지 않으면 신앙은 헛된 것임을 누구보다 더 잘 아셨습니다. 이런 사실을 극명하게 나타내주는 사건은 예수님이 자기 고향에 가셨을 때 더욱 분명히 드러났습니다. 기도 없이는 신앙의 능력이 나타날 수 없다는 것입니다.

• 마가복음 6:5-6

마가복음 6:5-6에 보면 다음과 같이 말씀합니다.

> 거기서는 아무 권능도 행하실 수 없어 다만 소수의 병자에게 안수하여 고치실 뿐 이었고 그들이 믿지 않음을 이상히 여기셨더라(막 6:5-6).

예수님께서는 고향 나사렛을 방문하셔서 그곳에서도 다른 곳에서와 같이 많은 능력을 행하기를 원하셨습니다. 예수님께서는 그들로 자신이 하나님의 아들 그리스도이심을 믿게 하셔서 자신에게 간구하기를 원하셨습니다. 그러나 예수님께서는 많은 능력을 행하실 수가 없었습니다. 그 이유는 고향 사람들이 예수님을 그리스도로 믿지 않아서 예수님께 나와 간구하지 않았기 때문입니다. 그래서 예수님께서는 그들이 믿지 않음을 이상히 여기셨다고 말합니다.

● 그리스도인이 기도하지 않는 것은 이상한 것이다.

예수님을 그리스도로 믿는 그리스도인이 기도하지 않는 것보다 더 이상한 것은 없습니다. 어떤 그리스도인에게 믿음이 있느냐 없느냐 하는 것을 알 수 있는 것은 그 사람이 기도를 하느냐 안 하느냐 하는 것을 볼 때 알 수가 있습니다.

사도들은 기도하기를 "주여! 우리에게 믿음을 더하소서!" 그렇게 기도했고, 가난하고 가련한 귀신들린 아들의 아버지는 기도하기를 "주여! 나의 믿음 없는 것을 도와주소서!" 그렇게 기도했습니다.

믿음 없는 것을 도와달라고 기도하고 믿음을 더 달라고 기도하는 마음은 불신앙의 마음으로는 구할 수 없는 것이고 자연적인 마음이나 죄책을 가진 마음으로도 구할 수 없는 것이고, 세상의 양심이나 율법을 아는 마음을 가지고도 구할 수 없는 것입니다. 또 사람에게 교육을 받아가지고도 구할 수가 없습니다.

● 신앙은 기도를 일으키고, 기도는 신앙의 실천이다.

참된 신앙을 가진 자는 기도해야겠다는 마음이 일어나게 되어 있습니다. 여러분도 이 기도를 많이 하고, 또 그럴 마음이 많이 생긴다면 신앙이 있는 것입니다. 신앙은 영이요 기도는 몸으로 비유할 수가 있습니다. 신앙이 바른 것이라면 반드시 기도를 일으키게 되어 있습니다. 동시에 기도는 신앙의 최상의 실천이기도 합니다.

그래서 복음을 받은 여러분은 기도해야 합니다. 24시간 기도 속에 살아야 됩니다. 하나님의 형상대로 지어진 인간은 하나님과 교제하되 기도하기 위해서 여러분을 만드셨다는 것을 기억하시기를 바라고 쉬지 말고 기도할 것입니다.

4) 신앙은 성령을 임하시게 한다

네 번째로 신앙은 성령을 임하시게 한다는 것입니다. 신앙은 그리스도의 십자가의 대속의 공로로 성령을 임하시게 합니다.

- 사도행전 2:36-41

오순절 날 사도 베드로는 예루살렘 사람들에게 사도행전 2:36-41에서 이렇게 설교했습니다.

그런즉 이스라엘 온 집은 확실히 알지니 너희가 십자가에

> 못 박은 이 예수를 하나님이 주와 그리스도가 되게 하셨느
> 니라(행 2:36)

그렇게 얘기하니까 마음이 찔려가지고 "어떻게 하면 좋냐" 그러니까 베드로가 "회개하여 각각 예수 그리스도의 이름으로 세례를 받고 죄 사함을 받으라 그리하면 성령의 선물을 받을 것이다"라고 말했습니다.

베드로는 "너희가 십자가에 못 박은 이 예수를 하나님이 주와 그리스도가 되게 하셨느니라"라고 한 다음 "이제 너희는 예수께서 주와 그리스도이심을 믿어라 이전에는 너희가 예수께서 그리스도시라고 믿지 않았으나 이제는 예수를 그리스도로 믿어라. 이것이 회개다"라고 하면서 "죄사함을 받아라 그러면 성령을 선물로 받는다. 이 약속은 이미 구약성경에서 예언된 바다"라고 설교를 했습니다.

• 성령님은 신앙에서, 신앙으로, 신앙에 의해서만 주어진다.

그러므로 예수님을 그리스도로 믿는 신앙은 성령을 선물로 받게 하는 것입니다. 성령은 예수님을 그리스도로 믿는 신앙 안에서, 그리고 신앙으로, 그리고 신앙에 의해서만 주어집니다. 성령은 하

나님께서 그리스도께서 승천하실 때 주신 선물이기도 합니다. 우리 주 그리스도께서는 부활 승천하신 후 아버지께서 약속하신 성령을 받아서 자기를 믿는 제자들에게 선물로 주셨습니다.

예수님은 말씀하셨습니다. "보라 내가 네 아버지의 약속하신 성령을 너희에게 보내리라" 그렇게 말씀하신 것입니다. 이것은 하나님 아버지께서 그분을 아들에게 약속하신 선물이었고, 또 우리 주 그리스도께서 그분을 믿는 백성들에게 약속하신 선물이기도 하였습니다.

- 요한복음 14:16, 16:7

그러므로 예수님께서는 다음과 같이 말씀하셨습니다.

> 내가 아버지께 구하겠으니 그가 또 다른 보혜사를 너희에게 주사 영원토록 너희와 함께 있게 하리니(요 14:16).

이어서 예수님께서는 이렇게 말씀하셨습니다.

> 내가…가면 그를 너희에게로 보내리니(요 16:7).

성령을 보내리라 그렇게 약속하신 것입니다. 성령님은 하나님의 아들의 기도에 대한 아버지의 응답이었으며, 아들은 그 선물, 성령의 선물을 자기를 믿는 교회에 부어주신 것입니다.

그러므로 예수님을 그리스도로 믿는 믿음은 필연적으로 성령을 임하시게 합니다. 동시에 믿음은 성령님의 특별 사역이기도 합니다. 그래서 믿음을 성령에서 분리시킬 수가 없습니다. 믿음 충만은 성령 충만이요. 성령 충만은 믿음 충만이요 그리스도 충만이요 예수 충만입니다.

이와 같이 신앙은 성령을 임하시게 하고 신앙의 실천인 기도를 하게 되면 성령님의 역사가 당연히 나타나게 되어 있습니다. 여러분이 기도하면 하나님의 성령께서 일하신다 이 말입니다. 그러니까 얼마나 대단합니까? 여러분은 능력이 없지만 하나님의 성령께서 역사하시고 일하신다는 말입니다.

여러분 모두는 예수님을 하나님의 아들로 참되게 믿고 십자가에서 우리 죄를 대신해서 피 흘려 죽으시고 부활하신 그분을 진짜 믿으면 그 예수님의 피를 통해서 성령님께서 여러분에게 임하시고 여러분이 기도하면 성령의 능력의 역사가 나타나게 되어 있습니다.

그래서 여러분이 가는 곳에 어둠의 세력이 꺾어지고 하나님의 나라가 임합니다. 성령이 임하신다는 말은 하나님의 나라가 임했다는 말입니다. 성령 안에서 하나님의 나라가 임하기 때문에 그렇습니다. 여러분이 믿음을 가진 사람들이기 때문에 믿음으로 충만, 성령으로 충만을 구해야 할 것입니다.

5) 신앙은 하나님 사랑과 이웃 사랑을 하게 한다

- 요한복음 1:12-13

다섯 번째로 신앙은 하나님의 사랑과 이웃 사랑을 하게 합니다. 신앙은 요한복음 1:12-13에 기록되어 있는 바와 같이 우리를 변화시키고 하나님에게서 새로 태어나게 하며, 우리 가운데서 일어나는 하나님의 역사입니다.

> 영접하는 자 곧 그 이름을 믿는 자들에게는 하나님의 자녀가 되는 권세를 주셨으니 이는 혈통으로나 육정으로나 사람의 뜻으로 나지 아니하고 오직 하나님께로부터 난 자들이니라(요 1:12-13).

신앙은 옛 아담을 죽이고 마음과 영과 정신과 능력에 있어서 전혀 새사람이 되게 합니다.

그리고 신앙은 이와 함께 성령을 임하시게 합니다. 그리하여 신자는 하나님의 율법인 하나님 사랑과 이웃 사랑의 이중 계명을 성취하게 하고자 하는 욕망을 갖게 됩니다. 이런 율법에 대한 즐거움과 사랑은 우리가 로마서 5:5에서 말하는 바와 같이 성령님에 의해서 우리 마음속에 부어집니다. 참된 신앙은 성령님을 임하시게 하기 때문에 그렇습니다.

- 신앙은 활동적이고 생산적이다.

신앙을 여러분이 참되게 가졌다면 이 신앙은 관념이 아니라 살아있고 적극적이며 활동적이고 생산적이며 힘 있는 것입니다. 신앙은 끊임없이 이웃 사랑의 선행을 행하지 않을 수가 없습니다. 신앙은 이웃사랑의 선행을 행해야 하는가 묻지 않고 묻기 전에 이미 선행을 행했으며 또한 부단히 행하고 있습니다. 그러므로 신자라는 사람이 이러한 행위를 하지 않는다면 그의 신앙은 거짓이거나 미약한 것입니다. 참된 신앙은 하나님의 은총에 대한 모험적이고 생생한 확신입니다.

하나님의 은총에 대한 이러한 지식과 확신은 하나님과 모든 피조물을 대할 때에 사람들로 하여금 기쁘고 대담하고 행복하게 만듭니다. 물론 이것은 성령님께서 신앙 가운데서 행하시는 역사입니다. 인간은 이런 신앙으로 인하여 그에게 은총을 보이신 하나님에 대한 사랑과 찬양의 마음에서 자발적으로 모든 사람에게 아무 때고 기꺼이 선을 행하고 도와주고 모든 것을 참습니다. 모든 역경을 신앙으로 극복을 합니다. 도리어 역경과 환란 때문에 기뻐합니다.

- 신앙과 행위는 분리시킬 수 없다.

신앙과 행위는 분리시킬 수가 없는 것입니다. 그래서 믿음으로 의롭다 하는 것입니다. 형식적인 신앙이 아니라 참된 신앙은 행위와 분리될 수 없기 때문에 믿음으로 의롭다 하는 것입니다. 이것은 마치 열과 빛을 불에서 분리시킬 수 없는 것과 같습니다.

갈라디아서 5:6에 보면 "믿음은 사랑으로서 역사한다"고 합니다. 믿음은 하나님에 대한 사랑과 이웃에 대한 사랑을 실천함으로써 그 참됨과 진실을 드러냅니다. 신앙은 그것이 참되다면 은혜를 일으키는 능력입니다. 믿음은 사랑 곧 하나님에 대한 사랑과 이웃에 대한 사랑으로 역사하는 것입니다. 이처럼 사랑으로 역사하는 믿음이야말로 기독교의 참된 모습입니다.

우리는 하나님께서 우리 가운데 이런 신앙의 역사를 일으켜 달라고 기도해야 합니다. 이런 신앙을 갖게 되어서 사랑의 수고를 기꺼이 하는 분의 이야기를 제가 한 번 하겠습니다. 우리 주위에 여러분을 포함해서 크고 작은 수많은 믿음의 역사로 인한 사랑의 수고 이야기가 많지만 최근 출판되었고, 제가 전도 메시지를 쓴 바가 있는데,『복음이면 충분합니다』라는 인기 있는 책으로 유명한 곽희문 선교사 부부 이야기를 간단히 하겠습니다.

● 곽희문 선교사 부부의 신앙과 사랑의 수고

이 곽희문 선교사는 쓰레기 마을 아프리카 케냐의 고로고초에서 빵 없이 복음을 전한 평신도 선교사로서 그의 간증기를 통해서 그 부부의 믿음과 사랑의 수고가 알려졌습니다. 곽희문 선교사는 세상 기준으로 잘 사는 학원원장 출신이었습니다. 고려대 경영학과를 나와서 잘 나가는 사람이었습니다. 돈을 많이 벌었습니다. 그는 부족할 것이 없이 잘 사는 사람이었으나 전혀 불신자였습니다.

그러나 기적같이 그의 부부가 예수님을 하나님의 아들 그리스도로 인격적으로 만나서 그분의 위대한 십자가의 사랑을 깨달아가지고는 믿은 지 일 년도 안 되어 학원을 정리하고 케냐에 가서 선교

활동을 시작했습니다. 당시 그들은 중년 부부였고 어린 딸 하나가 있었습니다. 그들은 예수님을 영접한 지 일 년 되자마자 모든 것을 내려놓고 케냐로 갔습니다. 왜 그랬느냐? 하나님의 사랑이 그들을 강권했기 때문에 그렇습니다.

곽희문 선교사 부모는 처음에 그들이 학원사업에 실패해서 케냐로 도망치는 줄로 생각했습니다. 그러나 그들 부부는 의기투합해서 기꺼이 재산을 정리하고 케냐로 가서 선교활동을 했습니다.

선교활동 초기에는 누가 그들을 도와주는 사람이 없었기 때문에 그들이 가지고 간 자금이 바닥이 나기 시작했습니다. 그래서 그 부부는 서로 상의해서 곽희문 선교사는 케냐에 계속 남아 선교를 하고 그 아내는 한국에 나가서 학원 강사를 하면서 돈을 벌어서 보냈습니다. 누가 보면 미친 사람들이지요. 이렇게 두 부부는 떨어져 있으면서 누가 보면 정신 나간 사람처럼 케냐 고로고초에 있는 버려진 아이들을 사랑하고 복음을 전하고자 했습니다.

곽희문 선교사는 최근의 인터뷰에서 이렇게 말했습니다.

> 최단 기간에 예수 믿고 부름 받아 선교사로 활동하고 있는 저는 너무나 행복합니다. 하나님께서 제게 주신 복음의 사명, 그 하나만으로도 말입니다.

몇 달 전에 나온 「국민일보」 인터뷰 기사입니다. 이런 사랑의 열정이 어디서 나왔는가? 하나님의 아들 예수 그리스도를 믿는 믿음에서 나왔습니다. 십자가의 사랑을 받고 그 사랑의 메아리로 나온 것입니다.

● 각인에게 주신 은혜와 소명대로 순종

모든 그리스도인들이 꼭 곽희문 선교사처럼 외국 선교사로 나가는 것은 아닙니다. 자기 사업을 정리하고 나가는 것은 그 사람에게 하나님께서 그런 소원을 주셨으니까 그렇게 하는 것입니다. 각인에게 주신 하나님의 은혜와 소명대로 순종하면서 복음을 위해 사는 것입니다.

다만 공통된 것은 참된 믿음은 하나님 사랑과 이웃 사랑을 기꺼이 한다는 것입니다. 마지못해서 하는 것이 아니라 기꺼이 하는 것입니다. 우리는 하나님과 우리 주 그리스도께 "이런 믿음의 역사를 일으켜주옵소서" 하고 기도해야 할 것입니다.

6) 신앙은 하나님과 그분이 하신 일을 이해하게 한다

- 히브리서 11:1

여섯 번째로 신앙은 하나님과 그 하신 일을 이해하는 신령한 감각기능이 됩니다. 히브리서 11:1에서 믿음을 이렇게 말합니다.

> 믿음은 바라는 것들의 실상이요 보이지 않는 것들의 증거니(히 11:1).

믿음은 보이지 않는 것들의 증거입니다. 믿음은 육신의 눈으로 볼 수 없는 모든 것들의 실재를 영혼의 눈으로 볼 수 있게 해줍니다. 믿음은 믿는 자들의 영혼의 눈과 같은 역할을 하도록 하기 위해서 주어졌습니다.

- 영혼에도 감각기능이 있다.

육신에게 여러 가지 감각기관이 있어야 하는 것처럼 영혼에게도 이러한 감각기관이 필요한데 바로 믿음은 이러한 영혼의 감각기능인 것입니다. 참된 신자들은 구원받기 전에 느끼고 자각하던 것과는 그 본질과 종류가 전혀 다른 새로운 내적인 감각과 지각으로 살아간다고 말할 수 있습니다.

하나님의 구원하시는 역사를 보면 사람들은 인간 본성과 이성과 의지로는 도저히 산출할 수 없는 전혀 새로운 차원의 지각을 갖고 삽니다. 이것은 정신에서 새롭게 일어나는 신령한 감각이고 마치 미각이 다른 감각과 전혀 다른 것처럼 이전에 정신으로 느끼던 것들과는 본질적으로 전혀 다른 새로운 종류의 지각과 신령한 감각입니다.

- 죄로 인해 영적 감각기관들은 상실되었다.

이런 영적인 감각기관들은 인간 창조시에 하나님의 형상으로 지음받은 존재로서 인간이 하나님께로부터 처음 받은 고귀한 선물이었습니다. 그러나 창세기 3장에서 보듯이 인간이 하나님께 반역해서 범죄했을 때 죄로 인해서 이런 영적 감각기관들은 상실되게 되었습니다. 그러므로 오직 하나님의 은혜에 의해서 이런 영적인 감각기관들은 죄를 씻어버리고 치료자가 오시면 다시 회복될 수가 있는 것입니다.

- 그리스도의 피로 영적 감각기관은 살아난다.

하나님의 형상이신 예수 그리스도께서 이 세상에 오셔서 인생들의 죄를 대속의 죽음으로 씻으시고 죄악된 인생들을 그의 피로서 치료하셨을 때에 상실된 인간의 영적 감각기관들은 다시 살아나서 완전한 기능을 발휘하게 되었습니다. 그리하여 예수님을 그리스도로 믿는 신앙을 선물로 받을 때에 인간은 이 새롭게 치료받은 영적 감각기능을 발휘해서 진리의 맛을 달콤하게 맛보면서 살게 되고 하나님과 그분이 하신 일을 이해하게 되는 것입니다.

- 히브리서 11:3

히브리서에서는 이렇게 말씀합니다.

> 믿음으로 모든 세계가 하나님의 말씀으로 지어진 줄을 우리가 아나니 보이는 것은 나타난 것으로 말미암아 된 것이 아니니라(히 11:3).

우리는 믿음을 가지고 모든 세계가 하나님의 말씀으로 지어진 줄을 알게 됩니다. 세상 사람들은 그냥 그대로 있는 것으로 압니다. 그러나 우리는 믿음으로, 이 영적인 감각으로 하나님의 뜻을 알고 하나님의 세계를 이해합니다. 이미 있던 물질로부터 모든 세계가 만들어진 것이 아니라 무에서부터 만들어졌습니다.

우리는 믿음을 가지고 앞을 내다볼 뿐만 아니라 과거도 믿음으로 보아야 합니다. 또한 우리는 믿음으로 세상의 종말을 내다보아야 할 뿐만 아니라 태초의 시기에 대해서도 돌이켜 볼 수 있어야 합니다. 믿음으로 우리는 우리 선조 아담이 하나님께 범죄해서 타락한 것을 알게 되고 우리도 그 타락한 죄성을 갖고 태어났다는 것을 알게 됩니다.

그리고 믿음으로 여자의 후손과 뱀의 후손 간의 싸움을 이해하게 되고 여자의 후손으로 오신 메시아 그리스도를 대망할 수가 있습니다. 우리가 믿음을 갖게 되면 세상의 창조와 타락, 그리고 메시아의 약속에 의한 회복에 대해서 이해할 수가 있습니다. 믿음이 없으면 알 수가 없습니다.

- 요한복음 6:69

또 요한복음에서 이렇게 말씀합니다.

> 우리가 주는 하나님의 거룩하신 자이신 줄 믿고 알았사옵 나이다(요 6:69).

사도들은 예수님이 거룩하신 자 곧 유대인들에게 약속된 메시야 그리스도시오 하나님의 아들이심을 믿었습니다. 그리하여 그들은 예수님이 하나님의 거룩하신 자 그리스도이심을 알았습니다.

이렇게 얻는 지식이 가장 훌륭한 지식입니다. 사도들은 예수님이 그리스도이심을 믿고 따를 때 그들은 경험을 통해서 확신에 이르는 지식을 얻은 것입니다. 기독교는 먼저 믿고 아는 것입니다. 세상은 알고 믿지만 기독교는 먼저 예수님이 하나님께서 보내신 그리스도시오 하나님의 아들이시라는 진리를 믿고 따를 때 참된 지식을 얻습니다. 이렇게 신앙은 하나님과 그분의 아들 예수 그리스도, 그리고 하나님께서 하신 일들을 이해하는 신령한 감각기능이 됩니다.

● 신자는 죽은 후에 어떻게 될 것을 안다.

저는 믿음으로 제가 죽은 후에 어떻게 될 것을 저는 알고 있습니다. 제가 아마 소천할 때가 되면 하나님께서 제 눈을 열게 하셔서 우리 예수님이 저를 부르시는 것을 보고 내가 내 의식을 갖고 영광의 하나님께 나아갈 것입니다. 예수님의 손을 잡고 예수님의 피를 힘입고 영광의 아버지 앞에 나아갈 것입니다. 이것을 안다 이 말입니다. 이것은 믿음으로 아는 것이지요. 세상 사람들은 모릅니다. 사후세계에 대해서 아주 캄캄 무소식입니다. 그러니까 절망하고 떨고 두려워합니다.

7) 신앙은 그리스도 안에 있는 모든 기쁨과 평강을 누리게 한다.

- 로마서 15:13

일곱 번째로 신앙은 그리스도 안에 있는 모든 기쁨과 평강을 누리게 합니다. 로마서에서 이렇게 말씀합니다.

> 소망의 하나님이 모든 기쁨과 평강을 믿음 안에서 너희에게 충만하게 하사 성령의 능력으로 소망이 넘치게 하시기를 원하노라(롬 15:13).

기쁨과 평강은 하나님 나라를 구성하는 두 가지 핵심요소입니다. 요한복음 14:17에서 그렇게 말합니다. 그리스도 안에서 기쁨과 양심의 평강은 우리가 얻은 칭의라는 믿음에서 나옵니다. 본문은 "모든 기쁨과 평강을 믿음 안에서 너희에게 충만하게 하신다" 그럽니다. 모든 기쁨과 평강을 얻는 수단이 믿음인 것을 말합니다. 믿음의 열매는 참되고 본질적인 기쁨이고 평안입니다.

- 믿음으로 얻는 기쁨과 평안은 참되고 계속됩니다.

우리가 육신적 노력으로 얻는 기쁨과 평강은 일시적이지만 믿음으로 얻는 기쁨과 평안은 참되고 계속적입니다. 육신의 기쁨은 영혼을 들뜨게 만들지만 그것을 채울 수는 없습니다. 그러므로 겉으로는 웃지만 마음은 슬픕니다.

믿음 안에서 얻은 기쁨은 영적인 기쁨이요 영혼을 충만하게 합니다. 이 기쁨은 영혼의 욕구를 충분히 채워주고 만족시켜줍니다. 이 기쁨보다도 큰 기쁨은 없습니다. 오직 그 기쁨을 더 크게 누리는 것, 그것을 완전히 누리는 것이 우리 영혼의 소원입니다.

- 시편 4:7, 시편 63:5

시편 4:7, 시편 63:5에서 다음과 같이 말씀합니다.

주께서 내 마음에 두신 기쁨은 그들의 곡식과 새 포도주가 풍성할 때보다 더하니이다(시 4:7).
골수와 기름진 것을 먹음과 같이 나의 영혼이 만족할 것이라(시 63:5).

● 하나님을 향한 영적 목마름

인간은 육체적인 것들로 영혼의 목마름을 채울 수가 없습니다. 인간의 내면 깊은 곳에는 하나님을 향한 심오한 영적 목마름이 있습니다.

오늘의 시대에 있어서 문제점들 중의 하나는 하나님을 향한 그런 깊은 갈증을 육체적 또는 감정적인 것들로 채우려고 노력하는 데 있습니다. 하나님을 향한 깊은 갈증은 오늘날 세상에 만연된 광적인 쾌락 추구의 근본 이유 중의 하나입니다.

사람들은 하나님을 향한 그 깊은 필요를 감정적이고 육신적인 것들로 채워보고자 합니다. 세상 사람들은 재미없으면 못 살아요. 그래서 "재미! 재미! 재미!" 합니다. 그래서 이 재미를 주어서 돈을 벌고자 하는 타락한 대중문화가 성행합니다. 또 이 하나님을 향한 갈증은 마약남용의 부분적 원인이기도 합니다. 마약을 복용해가지고 기쁨과 쾌락을 얻고자 하기도 하고 어떤 이상한 영적 체험을 하기도 하는데 자칫 영적 세계인 귀신의 세계와 관련을 맺을 수도 있어 매우 위험한 것입니다.

- 요한복음 7:37-39(생수의 강 약속)

목마른 인생들을 아시고 예수님께서는 요한복음 7:37-39에서 이렇게 말씀하셨습니다.

> 누구든지 목마르거든 내게로 와서 마시라 나를 믿는 자는 성경에 이름과 같이 그 배에서 생수의 강이 흘러나오리라 (요 7:37-38).

예수님께서는 하나님을 향한 인간 영혼의 깊고 보편적인 갈증을 말씀하신 것입니다. 그리고 오직 예수님만이 인간 영혼의 영적 갈증을 해소시킬 수 있는 분임을 말씀하셨습니다.

예수님은 하나님께 나가는 유일한 길임과 동시에 예수님은 하나님과 일체이신 분입니다. 그러므로 예수님은 "나를 믿는 자는 그 배에서 생수의 강이 흘러나오리라"라고 말씀하셨습니다. 이 생수의 강은 졸졸 흐르는 시냇물이 아니라 엄청난 양으로 흘러내리는 강물입니다. 예수님께서는 자기를 믿는 자들에게 생수의 강, 곧 폭우가 쏟아져 내렸을 때 폭포수같이 흘러내리는 그런 강이 배에서 흘러나오리라고 약속을 했습니다.

이 말씀은 후에 예수님께서 십자가에서 인생들의 죄를 대신해서 피 흘려 죽으시고 부활 승천하신 후 부어줄 성령님의 선물이었습니다. 예수님이 아직 십자가에서 대속의 죽음을 당하시기 전에는 생수의 강이 약속만 되어 있었습니다. 그리고 후에 이 성령의 부으심은 그리스도의 피의 장소, 곧 희생제단에서부터 오게 되어 있었던 것입니다. 그래서 갈보리 십자가 사건을 완성할 때에 우리 주님이 오순절 성령강림의 축복을 부어주시는 것입니다.

- 성령 안에서 의와 평강과 희락의 하나님의 나라가 이뤄진다.

그래서 누구든지 예수님을 하나님의 아들 그리스도로 믿고 십자가에서 우리 죄를 대신해서 피 흘려 죽으신 그리스도로 믿으면 그 믿음은 영혼의 모든 갈증을 만족시키는 생수의 강인 성령의 부으심을 선물로 받게 됩니다. 성령 안에서 의와 평강과 희락의 하나님의 나라가 이루어지며 그 나라를 맛보며 살게 됩니다.

이렇게 신앙은 그리스도 안에 있는 모든 기쁨과 평강을 누리게 하는 것입니다. 그것은 단순한 기쁨과 평강이 아니라 모든 기쁨과 평강을 누리게 한다고 말합니다. 모든 종류의 참된 기쁨과 평강을 망라합니다.

- 시편 81:10

복음을 받은 여러분 모두는 이러한 기쁨과 평강을 믿음으로 누려야 할 것입니다. 즉시 누려야 됩니다. 하나님께서는 다음과 같이 약속했습니다.

> 네 입을 크게 열라 내가 채우리라(시편 81:10).

하나님께서는 이렇게 약속하셨기 때문에 여러분이 입을 벌리고 구하면 구하는 것만큼 채워주실 것입니다.

- 신앙생활은 기쁜 것이다.

저는 이 진리를 사랑합니다. 신앙생활은 기쁨이 없으면 지속할 수가 없습니다. 신앙생활은 부담이 아닙니다. 신앙생활에 재미가 없는 사람은 큰 위기입니다. 신앙생활은 금욕생활이 아닙니다. 신앙생활은 신앙 안에서 모든 기쁨과 평강을 누리는 삶입니다. 육신적이고 감각적인 기쁨은 일시적이고 곧 잊어버리지만 신앙에서 오는 감명은 영속적입니다.

예수님이 그리스도시라는 참된 신앙을 여러분이 회복하기를 바랍니다. 그 신앙의 참된 실천이 기도이기 때문에 여러분은 기도해서 성령의 충만을 받으면서 기쁨과 평강이 충만한 하나님 나라를 맛보면서 살아갈 것입니다.

8) 신앙은 영적 싸움에서 승리하게 한다

- 에베소서 6:16

여덟 번째로 신앙은 우리로 영적 싸움에서 승리하게 합니다. 에베소서 6:16에 보면 믿음은 우리의 방패라고 그럽니다.

이 믿음이라는 방패를 들면 원수의 무기의 힘과 대항해서 완전히 물리치든지 그렇지 않으면 적어도 그 공격력을 약하게 만들면서 우리의 급소를 찌르지 못하게 만듭니다. 믿음 자체가 상처를 입을 때에 그것은 용사의 방패가 창에 맞아서 터진 곳이 있을지라도 창에 뚫리지는 않습니다. 그것은 믿음의 방패이기 때문이고 하나님께서 주신 선물이기 때문에 그렇습니다. 하나님께서 주신 선물을 사탄이 뚫을 수 없습니다.

그러므로 사탄과 흑암세력이 아무리 위대한 계략으로 우리를 공격할지라도 믿음이 거하는 우리의 속마음에 자리를 잡지 못한 이상 결국에는 공격하다가 물러가게 되어 있습니다. 예수님을 그리스도로 믿는 신자들은 그 믿음 때문에 모든 전투에서 승리하고 돌아오며, 새로운 힘을 얻은 후에는 또다시 전쟁터로 나가는 것입니다.

- 요한일서 5:4

그뿐만이 아니라 사도 요한이 그의 편지 요한일서에서 이렇게 말했습니다.

세상을 이기는 승리는 이것이니 우리의 믿음이니라(요일 5:4).

이런 말씀이 실현됩니다. 우리가 믿는 한 두 전투에서만 이길 뿐만 아니라, 또한 특별한 경우에만 이기는 것이 아니라, 일천 번 공격을 당한다고 할지라도 전 세계를 이길 것이라고 사도 요한은 단언하는 것입니다.

모든 그리스도인은 영적 싸움 가운데 있습니다. 세상과 사탄은 이러한 사실을 무지하게 만듭니다. 에덴 동산에서 인간이 타락 후에 사탄과 흑암세력들은 무지를 바탕으로 인간을 속여 왔습니다. 인류 역사를 볼 때 인간이 흑암과 어둠의 권세에서 무지하였기 때문에 사탄은 속인 자로서 진리 되신 그리스도를 믿지 못하도록 인간을 속여 왔습니다.

신실한 그리스도인들도 악한 영들과의 영적 싸움에 끈질기게 임하지 않습니다. 여러분 안에도 여러분의 대적이 있습니다. 여러분에게 육신의 정욕이라는 대적이 있습니다. 이것과 싸워야 됩니다. 그런데 싸우지 않고 자기 육신의 정욕대로 살아버립니다.

이것이 이제 문제지요. 그리스도인이라는 사람이 치열하게 자기 자신을 싸워가지고 성령의 사로잡힌 바대로 살지 않고 육신의 정욕대로 산다 이 말입니다. 영적 세계에 대한 지식이 없으면 원수 사탄의 먹잇감이 됩니다. 사탄의 종노릇하며 사는 것입니다.

- 에베소서 6:12

성경은 분명히 말합니다.

> 우리의 씨름은 혈과 육을 상대하는 것이 아니요 통치자들과 권세들과 이 어둠의 세상 주관자들과 하늘에 있는 악의 영들을 상대함이라(엡 6:12).

우리는 어느 때든지 세상의 실제 문제가 하나님 나라와 사탄 나라 간의 대영적인 투쟁의 관점이라는 그런 관점에서만 바르게 세상 문제를 이해할 수가 있습니다. 여러분이 누가 여러분을 핍박한다든가 좀 어렵게 만들 수 있습니다. 그러면 그 개인에게 문제를 삼을 것이 아니라 그 배후에 역사하는 영들의 문제라고 보면서 이런 영들을 꺾어야 할 것입니다.

- 믿음은 영적 무기

여러분은 영적 세계를 바로 이해하고 영적 싸움 가운데 여러분이 있음을 자각해야 됩니다. 어떻게 이런 세력을 이깁니까? 이미 애기했습니다. 믿음의 방패를 사용해서 이들의 모든 불화살을 소멸하면 이길 수가 있습니다. 우리의 원수 사탄과 흑암세력은 유혹의 불화살을 쏩니다. 유혹의 불화살을 쏘지만 믿음의 방패로 막습니다. 하나님의 말씀을 믿고 그리스도의 은혜를 믿는 믿음은 유혹의 불화살들을 소멸해버릴 것입니다.

믿음은 영적 싸움의 근본이요 세상을 이기는 수단과 보호이기 때문에 큰 무기이기도 한 것입니다. 물론 방어무기입니다만. 믿음 안에서 또는 믿음으로 말미암아 우리는 세상의 유혹과 반대에도 불구하고 그리스도께 나갈 수가 있습니다. 우리 믿음은 그렇게 세상에 대한 사랑도 꺾어버리면서 우리 자신을 그리스도 안에 살게 만듭니다.

믿음은 우리의 마음을 거룩하게 하며, 세상에서 우리를 뒤엎고 정복하는 것으로부터 우리 마음을 깨끗하게 만듭니다. 그래서 믿음은 믿음의 대상인 하나님의 아들로부터 이 세상의 불평과 아첨을 극복할 수 있는 능력을 이끌어냅니다.

- 영적 전쟁의 세 가지 싸움터(생각 · 마음 · 입술)가 있다.

우리 안에 영적 싸움의 세 가지 싸움터가 있다는 것을 제가 가끔 말씀드립니다. 우리 안에는 세 가지 영적 싸움의 전쟁터가 있습니다. 곧 생각과 마음과 입술이라고 말할 수 있습니다.

첫째, 생각은 우리 입속에 들어가는 음식과 같습니다. 적합한 것이 안 들어오면 토해내어 버립니다. 이런 것처럼 이상한 생각이 들어오면 쫓아내야 합니다. 그래도 안 가면 "예수 이름으로 사라져라" 쫓아내버려야 됩니다. 그 생각에 사로 잡히면 여러분이 지는 것입니다.

둘째, 마음의 싸움터가 있습니다. 이것은 우리의 태도와 감정을 포함합니다. 우리는 우리의 태도를 지켜야 합니다. 잘못된 태도들을 바로 잡아야 됩니다. 여러분 안에 이상한 나쁜 태도라든가 좋지 않은 습관들이 있습니다. 이런 것들을 버려야 됩니다. 여러분 안에 쓴 뿌리가 있을 수가 있습니다. 버려야 됩니다. 어떻게 버립니까? 믿음으로 버립니다. 기도함으로 버립니다. 믿음으로 그리스도와 십자가에 못 박힌 자가 되어서 버립니다.

셋째, 입술로도 부정적인 말을 하지 않도록 입술을 지켜야 됩니다. 영적 싸움의 마지막 치열한 전쟁터는 입술입니다. 여러분 입술로 생명을 가져오게도 하고 사망을 가져오게도 하는 놀라운 무기가 바로 입술입니다. 그래서 입술의 파수꾼을 세워서 지켜야 됩니다. 기도해야 됩니다.

성경 욥기서에 보면 욥이 그 입술로 죄를 범하지 않았기 때문에 사탄은 그의 삶에 접근할 기회를 얻지 못했습니다. 그러므로 우리의 생각, 마음, 입술을 지속적으로 지킬 수 있다면 우리 삶에 마귀가 접근하는 것을 거부하고 승리하게 만들 것입니다.

신앙은 영적 싸움에서 승리를 가져다주는 것이기 때문에 여러분이 이 믿음을 가지고 영적 싸움을 날마다 싸워야 할 것입니다. 먼저 여러분 안에 있는 죄악의 세력인 육신의 정욕과 싸우는 싸움부터 시작해야 됩니다. 여러분 안에 영육의 갈등이 있을 것입니다. 믿음으로 육을 죽이고 영이 성령의 은총 속에 있어야 할 것입니다.

9) 신앙은 회개를 일으킨다

아홉 번째로 신앙은 회개를 일으킵니다. 회개는 죄로 인한 참된 애통과 단념이며, 그것을 멀리하고 그리스도께 순종하며 행하겠다는 신실한 헌신입니다.

일부 학자들은 성경은 믿음과 회개를 구원을 위해서 그리스도께 나오는 한 행동의 다른 면으로 소개합니다. 사람이 우선 죄로부터 돌이키고 그 다음에 그리스도를 믿는 것이거나 아니면 먼저 그리스도를 믿고 죄로 돌이키는 것이 아니라 이 두 사건은 동시에 일어난다고 합니다. 믿음과 회개는 동전의 양면이라고 합니다.

그런데 개혁주의자 칼빈은 그렇게 말하지 않았습니다. 칼빈은 믿음을 통해서 회개를 얻는다고 구별을 합니다. 회개는 믿음의 결과라는 것입니다. 회개는 항상 믿음을 따를 뿐만 아니라 믿음에서 생긴다고 말합니다.

성경에 나타나는 "회개"(〈히〉슈브: שוב 〈헬〉메타노이아: μετάνοια, 〈영〉repentance)의 기본적인 의미는 그리스도께로, 혹은 하나님께로 마음을 전적으로 돌이킨다는 뜻을 가지고 있습니다. 그러나 문맥에 따라 믿음과 회개 모두를 포함하는 회심 전체를 뜻하기도 하고, 또는 복음을 믿는 성도가 계속적으로 마음을 그리스도께로 돌이키거나 죄를 회개하는 성화와 연관시키기도 합니다.

특별히 칼빈은 『기독교강요』 3권에서 "믿음" 다음에 "칭의"를 말하지 않고, 성도의 중생과 일반적으로 "성화"로 보는 내용을 합하여 "회개"를 먼저 말합니다. 이것은 성도의 삶속에 믿음의 결과로 이루어지는, 계속해서 마음을 하나님과 그리스도께로 더욱 돌이키는 삶과, 실제적인 성화의 내용인 자기를 부인하고, 자기 십자가를 지는 것, 영생을 소망하는 삶을 함께 제시하여 믿음을 가진 성도의 삶 전체를 강조하고 있다고 볼 수 있습니다. 여러분도 이러한 믿음을 가져야 참된 회개, 회개에 합당한 삶을 살아갈 있습니다. 따라서 성도의 삶은 회개가 계속되는 삶입니다.

- 신자의 날마다 회개

참된 신앙은 회개를 일으키는 것이기 때문에 우리가 믿음으로 사는 자라고 하면 날마다 회개해야 합니다. 아무도 완전히 회개한 사람은 없습니다. 회개란 계속적인 과정입니다. 여러분 한 번 회개해버렸으면 끝났다고 그러면 얼마나 좋겠습니까? 그런데 그렇지 않습니다. 아무도 완전히 회개한 사람은 없습니다. 회개라는 것은 계속적인 과정입니다. 그것은 사실 고통스러운 과정이지요. 날마다 회개해야 됩니다.

- 회개란 계속적으로 추구해야 하는 목적이다.

회개란 우리가 소유하고 획득할 수 있는 상태가 아니라 우리가 계속적으로 추구해야 하는 목적인 것입니다. 우리는 우리에게 요구되는 회개를 회피하려고 하지만 그러면 안 됩니다. 우리는 언제든지 회개하고 그리스도께로 돌아와야 됩니다. 우리 주님이 그걸 원하시는 것입니다.

여러분이 아침에 자고 일어나면 어제는 참되게 회개하고 '오직 예수' 그렇게 살았지만 잠자고 일어나면 오직 예수가 약화되어 있습니다. 그러니까 신앙을 바로 회복하고 '아! 내가 아니고 그리스도다!' 이렇게 딱 돌이켜서 하루를 시작해야 됩니다.

- 회개의 향기는 부엌과 공장과 직장에서 풍겨 나와야 한다.

그래서 우리가 죄에서 돌이켜 오직 그리스도만을 붙들고자 돌아올 때에 이 회개가 하나님께서 기뻐하는 찬미의 제사가 될 것입니다. 아름다운 회개의 향기는 부엌에서 나와야 됩니다. 그러니까 집에서 나오고 가정에서 나오고 공장에서 나오고 직장생활에서 나오고 공부하는 학생들에게서 나오고 기업가나 정치가들 사이에서도 풍겨 나와야 합니다. 이 회개의 향기는 하나님을 기쁘시게 하며 우리의 삶을 통하여 하나님과 예수 그리스도의 이름을 영화롭게 할 것입니다.

회개보다도 더 귀한 은혜가 없습니다. 여러분이 회개하고 나면 만사가 형통할 것입니다. 모든 인간관계가 꼬여 있는 것도 여러분이 회개해버렸다 그러면 다 풀려지게 되어 있습니다. 참된 복음을 받은 신앙의 사람인 것을 회개는 입증합니다. 신앙은 회개를 일으키기 때문입니다. 여러분은 날마다 예수 그리스도 신앙을 회복하고 회개의 열매를 맺는 삶을 살 것입니다.

10) 신앙은 거룩의 열매를 맺게 한다

마지막으로 열 번째 신앙은 거룩의 열매를 맺게 합니다. 신앙은 거룩의 열매를 맺게 한다는 것입니다. 앞서 말씀드린 대로 회개의 열매의 당연한 결과라고도 볼 수 있습니다.

- 마태복음 7:16, 20

예수님께서는 마태복음 7:16, 20에서 이렇게 말씀하셨습니다.

> 그들의 열매로 그들을 알지니 가시나무에서 포도를 또는 엉겅퀴에서 무화과를 따겠느냐 이러므로 그들의 열매로 그들을 알리라 (마 7:16, 20).

- 마태복음 12:33

예수님께서는 마태복음 12:33에서도 이렇게 말씀하셨습니다.

> 나무도 좋고 열매도 좋다 하든지 나무도 좋지 않고 열매도
> 좋지 않다 하든지 하라 그 열매로 나무를 아느니라
> (마 12:33).

열매로 나무를 아는 것은 우리가 다른 사람을 판별하는 방식일 뿐만 아니라 다른 사람들이 우리 자신의 신앙고백의 진정성을 판단하는 길이기도 합니다.

- 마태복음 5:16

예수님께서는 마태복음 5:16에서도 이렇게 말씀하셨습니다.

> 이같이 너희 빛이 사람 앞에 비치게 하여 그들로 너희 착한
> 행실을 보고 하늘에 계신 너희 아버지께 영광을 돌리게 하
> 라(마 5:16).

우리는 이런 말씀을 성경 곳곳에서 봅니다. 빌립보서 2:21-22이라든가, 요한 3서 3-6이라든가, 야고보서 2:18 곳곳에서 봅니다.

- 참된 신앙은 거룩한 열매를 맺는다.

참된 신앙은 거룩한 열매를 반드시 맺게 하는 것입니다. 한 자연인이 예수님을 그리스도로 믿고 그리스도인이 되었을 때에, 그는 하나님의 생명을 받고 하나님의 신성에 참여하는 자가 됩니다. 그리스도께서 우리 마음에 사시고 성령님의 내적인 생명의 원리로 우리 안에 거하시면서 우리 영혼의 기능들과 결합하게 되면 우리는 옛 본성과는 다른 열매를 맺게 할 것입니다. 하나님의 전능하심이 인간의 영혼 안에 거하는데 어떻게 능력 있고 실제적인 경건의 삶을 살지 못하겠습니까?

여러분 가정에 누가 찾아와도 가정에 변화가 생깁니다. 대통령이 찾아왔다, 그러면 여러분 가정에 혁명적인 문제가 일어납니다. 그리스도께서 우리 안에 거하심으로 우리와 연합하시고 그리스도의 생명의 역사를 성령으로 나타내시면 우리는 새로운 피조물이 됩니다. 이때 중생한 그리스도인이 경건한 삶의 열매를 맺지 못한다는 것은 생각할 수 없는 일입니다. 그래서 경건의 열매를 맺습니다.

그러므로 우리가 예수님을 그리스도로 믿고 그리스도의 제자가 되었을 때 우리는 일생을 통해서 그리스도를 따르고 그리스도를 본 받고 그리스도의 영광을 위해서 자신을 부인하고 그리스도의 나라를 위하여 살게 됩니다. 이것이 바로 요한복음 14:21에서 그리스도를 사랑하는 증거라고 말합니다. 그리스도인에게 요구되는 자기부인과 생명에 이르는 좁은 길을 가는 것은 말로 되는 것이 아니라 삶으로 됩니다.

위선자들은 성도처럼 살기보다는 성도처럼 말하기를 좋아합니다. 물론 신앙고백은 필요하고 중요합니다. 그러나 경건한 삶이 그 사람의 신앙고백의 진정성을 입증하는 가장 좋은 증거라는 것을 알아야 합니다. 진정한 신앙은 항상 거룩한 삶의 열매를 맺습니다.

- 에드워즈가 말한 열매 신앙의 거룩한 열매

유명한 미국의 청교도 신학자이며 설교가인 요나단 에드워즈는 참된 신앙이 거룩한 열매를 맺는다고 다음과 같이 열거했습니다.

① 삶과 생각을 통해 드러나는 경건한 생활과 거룩이야말로 구원에 이르게 하는 하나님을 아는 참된 지식을 가진 증거다.

② 경건하고 거룩한 행실은 우리가 진심으로 회개했다는 분명한 증거다.

③ 삶에서 드러나는 거룩은 구원 얻는 믿음을 가지고 하나님께서 계시하신 모든 진리를 믿는다는 증거다.

④ 경건한 행실은 하나님과 이웃을 향한 은혜로운 사랑을 가졌다는 증거로 작용한다.

⑤ 거룩한 삶은 복에 대한 넘치는 감사와 더불어 역사하는 진정한 겸손과 하나님을 향한 참된 경외함이 있다는 증거다.

⑥ 경건한 행실은 은혜로운 갈망과 소원에 대한 합당한 증거로서 거짓되고 헛된 소망과 구별시켜준다.

⑦ 경건한 행실은 은혜로운 소망이 있다는 증거다.

⑧ 우리의 의무와 하나님의 뜻을 즐거운 마음으로 행하는 것은 참되고 거룩한 기쁨을 가진 사람이라는 증거다.

⑨ 경건한 행실은 기독교 신앙이 가진 용기의 훌륭한 증거이다.

이처럼 참된 신앙은 이러한 거룩한 삶의 열매를 맺는 것입니다. 우리는 인간의 행위를 강조하는 것이 아니라 하나님의 은혜로 하나님께서 주신 믿음의 선물인 이런 열매를 맺어야 합니다. 거룩한 행실, 거룩한 열매를 신자의 신앙의 진정성에 대한 합당한 표시로 보고 이렇게 산다는 것은 율법주의가 아닙니다. 그것은 신앙의 열매인 것입니다. 우리 모두는 참되게 예수님을 그리스도로 믿고 그분의 십자가의 대속의 사랑을 체험하는 가운데 이런 신령한 열매를 맺어야 할 것입니다.

3. 결론: 그리스도인은 믿음으로 살아야 한다

예수님은 그리스도시오 살아계신 하나님의 아들이십니다. 예수님은 하나님의 아들 그리스도시라는 증거로 십자가에서 우리 죄를 대신하여 피 흘려 죽으시고 죽은 자들 가운데서 부활하셨습니다. 이 죽음과 부활의 복음으로 우리 인생의 모든 문제가 처리되고 해답을 얻습니다. 이 복음으로 우리 모두는 참되게 깊은 뿌리를 가져야 합니다.

이 복음을 받은 신자는 이 복음을 믿는 신앙으로 살아야 됩니다. 성경은 "오직 의인은 믿음으로 말미암아 살리라"라고 말합니다. 그리스도인의 시작이나 과정에 있어서 믿음이 전부입니다. 믿음에서 행위로가 아닙니다. 마치 믿음으로 의로운 상태에 놓이고 행위로 그 의로운 상태에 계속 머무는 것이 아닙니다. 철두철미하게 믿음으로부터 믿음에 이르는 것입니다. 그것은 증대하는 믿음이요 전진해나가는 믿음이요 인내하는 믿음으로 우리 안에 있는 불신앙을 꺾어버리는 것입니다.

- 그리스도인 생활의 시작이나 과정에 있어서 믿음이 전부다.

그러므로 신앙을 통해서 의롭다 함을 얻은 신자는 이 신앙을 통해서 계속해서 은혜와 영광의 삶을 살게 된다는 것입니다. 신앙은 시작할 때만 필요한 것이 아니라, 여러분의 삶 모든 구석구석에서 언제든지 신앙으로 신앙을 통해서 신앙에 의해서 여러분이 영광스러운 은혜의 삶을 사는 것입니다.

우리는 지금까지 구원받은 신앙의 기능에 관한 열 가지 기능을 살펴보았습니다. 십이란 숫자는 완전 숫자이기 때문에 여기서 굳이 열 가지 기능을 열거한 것은 그리스도인에게 있어서 신앙이 전부라는 사실을 강조하기 위함이었습니다.

열한 가지, 열두 가지 얼마든지 만들 수 있습니다. 하나님의 아들 예수 그리스도의 복음을 받은 신자는 오직 믿음으로 살아야 됩니다. 예수님을 그리스도로 믿는 믿음으로 살아야 됩니다. 그 외에 어떤 것도 더해서는 안 됩니다. 오직 믿음으로 살아야 됩니다.

- 믿음 플러스 알파(+α)가 아니다. 오직 믿음이다.

믿음 플러스 알파가 아니요. 오직 믿음입니다. 오직 믿음으로 의롭다 함을 얻고, 오직 믿음으로 여러분에게 기도가 일어나게 되며, 이 신앙으로 하나님과 교제하고, 이 신앙은 성령을 임하시게 하며, 이 신앙은 하나님 사랑과 이웃 사랑을 자발적으로 기꺼이 수행하게 하고, 이 신앙은 하나님의 뜻을 알게 하는 신령한 감각기능이 되고, 이 신앙은 신자에게 기쁨과 평강을 누리게 합니다. 또한 이 신앙은 영적 싸움에서 언제든지 승리하게 하며, 이 신앙은 회개를 일으키고, 이 신앙은 거룩의 열매를 맺게 합니다. 이 외에도 신앙의 기능은 얼마든지 더 많이 있습니다.

- 신앙은 인생에 있어서 가장 가치 있는 것- 김의신 박사 이야기

예수님을 그리스도로 믿는 신앙, 내 죄를 대신해서 십자가에서 대속의 피를 흘려주신 그리스도의 십자가의 사랑을 믿는 신앙, 이 예수 믿는 것이 인생에 있어서 가장 가치 있는 것입니다.

마지막으로 앞서 이미 말씀드린 간증을 다시 반복하면서 마치고자 합니다. 세계 최고의 암전문의 김의신 박사라는 분이 있습니

다. 여러분 들은 바가 있지요. 이분은 세계 최고의 암 전문 병원인 미국 텍사스주립대 MD앤더슨암센터에서 31년간 재직한 분으로 미국 최고의 의사에 두 차례나 선정된 세계 최고 암전문의입니다.

이분에게 「국민일보」 기자가 인터뷰하면서 물었습니다.

"인생에서 가장 가치 있는 것은 무엇이라고 생각합니까?"

이에 대하여 김의신 박사는 지체하지 않고 즉시 대답했습니다.

> 예수 믿는 것입니다. 믿음 덕분에 죽음이 삶으로, 절망이 희망으로 바뀌는 기적의 현장을 30년 넘게 두 눈으로 보고 확인했습니다. 더 이상 무슨 말이 필요한가요.

그렇게 얘기했습니다. 최고의 명언을 했다고 저는 생각합니다.

- 예수 믿는 맛을 열 가지 신앙의 기능으로 맛보며 살라

저도 여기에 더 이상 첨가할 말이 없습니다. 예수 믿는 것이 지상 최대의 행복이요 축복입니다. 예수님을 그리스도로 믿고 십자가의 대속의 사랑을 날마다 받아 확인하면서 믿음의 역사를 따라 사는 것입니다.

복음을 받은 신자는 이 신앙을 날마다 누리며 사는 것입니다. 이 신앙의 열 가지 기능을 날마다 삶 속에 생활 속에 적용하며 사는 것입니다. 믿음의 역사, 사랑의 수고, 소망의 인내로 살며 전도자로 사는 것입니다. 예수 믿는 맛을 열 가지 신앙의 기능에서 밝혔은즉 열 가지 신앙의 기능들을 날마다 누리며 맛보며 예수 믿는 행복 속에 전도자로 살기를 주의 이름으로 축원합니다. 기도하겠습니다.

오늘 여러분이 열 가지 기능을 들었습니다. 열 가지 기능들이 기도하면 여러분에게 나타나게 되어 있습니다.

> 살아계신 아버지 하나님, 하나님 은혜에 감사합니다. 죄인 된 우리를 아무 공로 없이 예수님을 하나님의 아들 그리스도로 믿는다는 믿음 하나 때문에 구원하시고 십자가에서 내 죄를 대속해서 죽으셨다는 위대한 그 사랑을 참되게 믿는다는 그 사실로 인해서 우리로 그 믿음의 열 가지 이상의 큰 역사를 일으키는 축복을 주시니 감사 무지합니다.
> 오늘 믿음으로 인한 역사들을 우리가 세상 속에 살면서 맛보며 승리의 삶을 살기를 기도합니다. 신앙은 의롭다 함을 얻게 합니다. 신앙은 하나님과 교제를 가능하게 하고 회개를 일으키고 성령을 임하시게 하고 하나님 사랑과 이웃 사랑을 기쁘게 수행합니다. 하나님께서 하신 일을 신령하게

이행하게 합니다. 또 신앙 안에 모든 기쁨과 평강이 있으니 이 위대한 하나님 나라를 맛보며 살고 신앙은 모든 영적 싸움에 승리하고 일천 번 싸우고도 이기는 능력입니다. 신앙은 회개를 일으키는 수단이므로 참되게 회개의 열매로 하나님을 기쁘시게 하고 모든 인간관계를 회복하며 신앙은 거룩한 열매를 맺고 살게 합니다.

오 아버지여! 이 신앙으로 우리가 살아가기를 바라고 오직 의인은 믿음으로 말미암아 살리라고 했사오니 우리가 이 믿음으로 살아갈 때에 이런 신앙의 역사들이 나타나서 신령한 하나님 나라 백성답게 사는 삶을 살게 하시고 신성에 참여하는 은혜의 삶을 살아가게 하여주옵소서. 예수님의 이름으로 기도하옵나이다. 아멘!

제2장 신앙의 기능

제3장
신앙의 종류

1. 성경이 말하는 신앙이란?

구원 얻는 신앙: 예수님이 하나님의 아들 그리스도시라는 진리의 실재성에 대한 확신/ 이태형 「국민일보」 기독연구소장과의 인터뷰/ 임목사의 신앙 여정

2. 개혁교회의 신앙의 네 종류

1) 개요: 역사 신앙, 기적 신앙, 일시적 신앙(현세 신앙), 구원의 신앙
2) 역사 신앙
3) 기적 신앙
4) 일시적 신앙(현세 신앙)
5) 구원의 신앙

3. 결론

1. 성경이 말하는 신앙이란?

　예수님은 그리스도시오 살아계신 하나님의 아들이십니다. 예수님이 하나님의 아들 그리스도시라는 증거로 십자가에서 우리 죄를 대신해서 피 흘려 죽으시고 죽은 자들 가운데서 부활하셨습니다. 이 죽음과 부활의 복음, 그리고 예수님이 하나님의 아들 그리스도시라는 이 진리의 복음으로 우리 인생의 모든 문제가 처리되고 해답을 얻습니다. 그래서 참되게 이 진리의 복음으로 깊이 뿌리내리기를 기원합니다.

- 구원 얻는 신앙: 예수님이 하나님의 아들 그리스도시라는 진리의 실재성에 대한 확신

　더 구체적으로 말하면 예수님이 하나님의 아들이시라는 진리, 이 진리의 실재성에 대한 확신이 있기를 기원을 합니다. 예수님이 하나님의 아들 그리스도시라는 진리의 실재성에 대한 확신, 또 내 죄를 대신해서 십자가에서 피 흘려 죽으시고 죽은 자들 가운데서 부활하셨다는 이 진리의 실재성에 대한 확신이 여러분에게 생기기를 기원합니다.

이러한 진리의 실재성에 대한 확신으로 여러분의 마음이 뜨거워지기를 기원합니다. 이러한 복음 진리의 실재성에 대한 확신이 생길 때 우리 영혼의 내적인 감각과 지각이 살아납니다. 그리하여 하나님과 그분의 아들 예수 그리스도에 대한 신뢰가 생깁니다.

이것을 신앙이라고 합니다. 신앙은 한마디로 하나님과 그분의 아들 예수 그리스도에 대한 신뢰입니다. 그것은 하나님과 우리 주 그리스도에 대한 어린아이와 같은 신뢰입니다. 이 신앙은 영적이며 전적으로 하나님의 선물입니다.

● 이태형 「국민일보」 기독연구소장과의 인터뷰

제가 2013년 연말에 이태형 「국민일보」 기독연구소장과 인터뷰를 했습니다. 그것이 2014년 1월 18일자 「국민일보」 미션라이프에 요약해서 실렸습니다.

이 소장이 제게 물었습니다.

"예수님은 그리스도시고 인생 모든 문제 해결자시라고 하는데 예수님을 그리스도로 믿는 삶은 왜 이렇게 초라합니까?"

이렇게 물었습니다. 그래서 제가 이렇게 대답했습니다.

"많은 신자가 예수님을 믿고 기도하지만 응답을 받지 못하는 이유는 그리스도를 잘 모르기 때문입니다. 그리스도를 지적으로는 알지만 인격적으로는 알지 못하기 때문입니다. 예수님이 하나님의 아들 그리스도, 예수님의 죽으심과 부활에 대한 진리의 실재성을 확신하지 못하고 있기 때문입니다. 예수님이 그리스도시라는 진리의 실재성에 대한 의심 없는 확신이 있어야 합니다. 이 확신이 없기에 우리 삶에 역사가 일어나지 않습니다".

제가 그렇게 말했습니다. 그러니까 이 소장은 또 이렇게 물었습니다.

"확신하고 싶어 죽을 지경이지만 확신이 되지 않아서 고통스러워하는 신자들도 많습니다. 어떻게 확신할 수 있습니까?"

제가 이 질문에 이렇게 대답했습니다.

"복음의 빛이 그 심령에 비칠 때 그 확신이 옵니다. 그것이 대단히 쉬우면서도 어렵습니다. 어둠에서 일순간 빛으로 들어오는 것입니다. 물론 이것은 하나님의 은혜로 됩니다. 그러면 하나님의 은혜로 오는 것이기 때문에 인간들은 아무것도 하지 않고 그냥 기다리면 되느냐? 그렇지 않습니다. 우리는 구원의 열망을 갖고 추구해야 합니다."

그러면서 제가 청교도 신학자인 조나단 에드워즈의 구원에 관한 열망을 말했습니다.

"천국은 침노하는 것입니다."

마태복음 11:12이라든지 누가복음 16:16의 말씀을 근거로 제가 말했습니다. 또 사도행전 10장에 나오는 고넬료 이야기도 했습니다. 고넬료는 구제와 선행을 열심히 했습니다.

"구제와 선행으로 구원을 얻는 것은 아니지만 구제와 선행을 하면서 구원을 얻고자 하는 열망을 가진 자는 마침내 구원을 얻었습니다. 예수님이 하나님의 아들 그리스도시라는 진리의 실재성에 대한 확신을 갖게 되었습니다."

제가 이렇게 설명을 했습니다.

● 저자 임덕규 목사의 신앙 여정

그리고 제 개인의 간증을 말했습니다. 제 간증을 인터뷰 때는 결론만 주로 얘기했지만 오늘은 좀 더 자세히 설명하고자 합니다. 제가 구원 얻는 신앙으로 들어온 것이 제가 믿겠다고 결심할 때부터가 아니라 수년이 걸렸기 때문에 이러한 과정이 오늘의 설교 주제인 "신앙의 종류"를 설명하는 데 유익하다고 생각하기 때문입니다.

저는 몸이 아파서 위기에 처해 있었기에 건강을 얻기 위해서 경기도 오산리 금식기도원에 금식기도 하러 가면서 본격적인 신앙을 시작했습니다. 어느 목사님이 금식기도원에 가서 기도하면 낫는다고 했기 때문에 지푸라기라도 잡는 심정으로 기도원에 가서 며칠간 금식기도를 했습니다.

그러나 지금 생각해 볼 때 참된 신앙은 얻지 못하고 신앙의 접촉점만 갖고 왔습니다. 기도원에서 배운 십자가 보혈 찬송이 좋아서 많이 불렀으나, 예수님이 하나님의 아들이시라는 진리에 대해서는 마음속에 참된 확신이 없었습니다. '하나님의 아들이시라니까 그냥 하나님의 아들이시지!' 이렇게 생각을 했습니다.

'어떻게 예수님이 하나님의 아들일까? 성경이 그러니까 믿어야지!' 그러면서도 확실히 풀리지 않는 의문을 갖고 있었습니다. 그런데 제가 기도원에서 돌아오면 건강이 곧 회복이 될 줄 알았는데, 건강이 회복이 안 되었습니다. 그래서 저는 한 동안 '내가 건강을 얻기 위해서 예수님을 믿으려고 했는데, 회복이 안 되니까 그만 두어버릴까!' 몇 번 제가 망설였습니다.

그러나 또 다른 방법이 없고 제가 개인적으로 예수님의 신성에 대해서는 확신이 없었으나, 예수님의 인간으로서의 삶에 대해서는 대단히 매력과 사랑이 있었습니다. 저는 개인적으로 예수님을 사랑했습니다. 예수님을 생각하면 너무 좋았습니다. 꼭 하나님 아버지와 동격인 것처럼 생각했습니다. 그래서 포기하지 않고 열심히 신앙생활을 했습니다.

그 당시에는 복음 진리에 대한 확신은 없었으나, 진리에 대해서 누가 설명을 한다든가 새로운 이야기를 하면 '어! 좀 새로운 이야기 같다!' 그래서 또 흥미있게 들었습니다. 또 똑같은 이야기만 하면 '저 목사님은 실력이 부족한 것이다' 그렇게 생각을 했습니다. 누가 좀 철학적이라든가 잘 설명을 하면 '뭔가 저 분은 좀 많이 아는 것 같다' 이런 식으로 이렇게 저렇게 판단하며 믿고 신앙생활을 했습니다.

그런데 교회에서 누가 성령의 충만을 받으면 지혜와 총명이 뛰어나고 공부도 잘한다고 해서, 제가 법대 다녔기 때문에 욕심이 생겨가지고 성령 충만을 받아야겠다 그렇게 생각하고 그때 당시 유행하던 심령부흥회는 다 쫓아다녔습니다.

요즘은 그런 것이 허락이 안 됩니다만, 70년대에는 전봇대에다가 "심령부흥회" 이런 것들을 곳곳에 붙여놓았습니다. "불의 종, 기적의 종" 이렇게 하면서 선전을 했습니다. 그러면 "아! 불의 종 불 좀 받아야지!", "기적의 종, 신유의 종" 이런 식으로 해가지고 "기적을 체험해 봐야겠다" 그래서 참석을 해보면 어떤 부흥사들이 기적을 행하고 병고침을 말하면 "아! 그것을 나도 믿고 나도 받아야지!" 또 나에게도 그런 능력이 나타나기를 믿었고 나도 행하기를 원했습니다. 그러나 그런 기적이 나에게 나타나지 않았습니다.

그런데 무한히 감사하게도 수년 후에 하나님께서 저에게 복음의 영광을 나타내주셨습니다. 내 영혼을 밝혀주는 신적이고 초자연적인 말씀의 빛이 비춰졌습니다. "예수님이 하나님의 아들"이시라는 진리의 실재성에 대한 확신이 갑자기 생겼습니다.

"예수님이 하나님의 아들이시다" 진리는 쉽습니다. 그런데 그것이 참되게 믿어졌습니다. 실제로 믿어졌습니다. 예수님이 하나님의 아들이시라는 진리를 믿는 참된 지각이 제 안에 생긴 것입니다. 그때 그 달콤하고 황홀한 것은 말할 수가 없었습니다. 어쨌든 성경 진리의 아름다움과 탁월함을 영적으로 자각하게 되었고, 때때로 감동되면 성경을 읽고 성경의 구구절절이 하나님의 말씀이요. 살아서 움직이고 역사하는 진리였습니다. 그래서 그때부터 그 진리에 감격했습니다.

이것은 저에게 주신 하나님의 은혜요 선물이었습니다. 모든 그리스도인은 그들 나름대로 하나님께서 합당한 진리의 말씀을 그에게 나타내주시고 또 은혜를 베푸시고 호의를 베푸신다고 믿습니다. 성령 하나님께서는 늘 진리의 말씀과 함께하시면서 그 말씀으로 활동을 하셔서 저에게는 저와 같은 방법으로 또 다른 사람에게는 다른 방법으로 각양의 방법으로 진리를 확신하게 하시고 인도하시고 회개시키시고 혹은 마음을 뜨겁게도 하시고 넘어지게도 하시고 일어서게도 하십니다.

그러나 한 번 진리의 말씀이 한 개인을 찾아오면 그 진리의 말씀은 영혼에 그대로 잔존하게 됩니다. 이것이 성경말씀의 신비입니다. 사람의 말은 바람에 불과하지만 하나님의 말씀은 실재하는 것이기 때문에 여러분이 참되게 믿었다면 그 말씀이 여러분 안에 계시는 것입니다. 그리고 그 진리의 말씀은 한 개인과 함께 계시면서 우리를 감동시켜 행동하게 하시고 우리를 지배하고 우리를 인도하고 우리에게 명령합니다. 이것이 구원 얻는 신앙의 모습입니다.

저는 이 신앙과정을 의도적으로 논리적 분석을 한번 해보고자 합니다. 약간 무리한 분석이지만 구원 얻는 신앙과 다른 여러 종류의 신앙들을 제가 신앙생활 초기에 갖고 있었다고 생각하기 때문입니다.

2. 개혁교회의 신앙의 네 종류

1) 개요: 역사 신앙, 기적 신앙, 일시적 신앙(현세 신앙), 구원의 신앙

● 일시적 신앙(현세 신앙)

오늘의 설교 말씀 주제에 맞게 제가 저의 신앙을 자세히 분석해 보고자 합니다. 제가 처음 예수님을 하나님의 아들 그리스도로 믿고자 한 것은 병고침을 위한 것이었습니다. 이런 신앙은 일시적 신앙, 혹은 현세적 신앙이라고 할 것입니다. 이런 신앙은 믿기는 믿지만 환란과 핍박이 오면 곧 시험에 넘어지는 일시적인 신앙입니다.

● 역사 신앙

한편 제가 설교 중에 재미있는 이야기나 새로운 지식을 들으면 지적으로 받아들이고 이해를 가질 수 있는데, 이러한 신앙은 역사 신앙이라고 할 것입니다. 어떤 도덕적 목적 없이 진리를 그냥 지적으로 받아들였기 때문입니다. 그래서 역사 신앙입니다.

● 기적 신앙

또 저는 어떤 부흥사들이 기적 행하는 능력을 믿었습니다. 그리고 나에게도 그런 기적이 나오기를 기대하고 믿었습니다. 실제로 어떤 사람에게는 그런 기적, 예컨대 병고침의 은혜라든가 방언하고 예언하는 능력들이 나타났습니다. 이런 신앙은 기적 신앙이라고 할 것입니다.

● 구원의 신앙

끝으로 저는 어느 날 복음의 빛을 받았습니다. 예수님이 하나님의 아들이시라는 진리의 실재성에 대한 확신이 갑자기 생겼습니다. 이 이후로 나에게 모든 진리의 말씀에 대한 의심은 사라지고 예수님이 하나님의 아들 그리스도시라는 참된 지각이 생기고 내 인생은 새로워졌습니다. 내 이성은 열린 지성이 되어서 모든 하나님의 말씀을 진리로 받게 되고 또 성령의 임재를 받으면서 살게 되었습니다. 이런 신앙은 구원의 신앙이라고 할 것입니다.

지금까지 의도적으로 네 가지 신앙, 곧 일시적 신앙, 역사 신앙, 기적 신앙, 그리고 구원의 신앙을 정리했습니다. 이 네 가지 신앙을 정리하고 참된 구원의 신앙을 갖도록 하는 것이 우리 목표입니다.

● 개혁교회가 구별하는 네 가지 신앙

개혁교회의 교리에서는 신학적으로 믿음을 대별해서 보통 네 가지로 가르치고 있습니다. 첫째는 역사 신앙, 둘째는 기적 신앙, 셋째는 일시적 신앙, 그리고 넷째는 진정한 구원의 신앙입니다. 성경에 보면 신앙에 대하여 똑같은 뜻으로 말하지 않기 때문에 이런 구분이 나오는 것입니다.

우리는 앞으로 차례로 이 네 가지 신앙을 살펴보고 우리가 얻어야 할 진정한 구원의 신앙에 대한 깊은 진리를 알아보고자 합니다. 여러분이 이 말씀을 듣는 동안 참된 구원의 신앙에 이르지 못하고 일시적 신앙이나 기적 신앙, 혹은 역사 신앙에 머물러 있다고 그러면 회개하고 참된 구원의 신앙을 얻는 시간되기를 기원합니다.

참되게 구원을 열망하고, 그 구원의 진리에 순종하고 따르고, 그 진리를 사랑하고 지키면 구원을 얻게 되어 있습니다. 구원의 열망이나 진리의 순종과 복종은 이미 하나님의 은혜로 되는 것이기 때문입니다. 그래서 하나님을 아는 지식은 하나님의 은혜로 말미암는 것입니다.

2) 역사 신앙

그러면 먼저 구원 얻는 신앙이 아닌 세 가지 신앙을 하나하나 알아보겠습니다. 먼저 역사 신앙에 대해서 알아보겠습니다. 역사 신앙이란 어떤 도덕적 영적 목적도 가지지 않고 순수하게 성경의 진리를 지적으로 받아들임을 말합니다. 이는 물론 그것이 역사적 사건만을 내포하고 도덕적 영적 진리는 제외한다거나 또는 역사적 증거에만 기초한다는 것을 의미하는 것은 아닙니다. 왜냐하면 현재 사실에도 관계를 가지고 있기 때문입니다.

- 신앙을 지적으로 받아들인다.

이 역사 신앙은 개인적으로 관심이 없는 역사라도 받아들이는 것처럼 성경의 진리를 받아들인다고 하는 관념의 표현입니다. 이 신앙은 진리를 지적으로 받아들이나, 진지하게 받지 않고 실재에 관심을 일으키지 않는 것을 의미합니다.

이 신앙은 배운 대로 알기는 하고, 그렇다고 인정을 하지만, 구원의 사실을 동반하기 위해 필요한 요소들이 결핍되어 있는 신앙입니다. 마치 이 세상의 역사의 사실을 누가 이야기할 때 승인하는 것과 같은 신앙인 까닭에 역사 신앙이라고 말하는 것입니다.

- 세상 역사책의 기록을 믿는 것처럼 믿는다.

세상 사람들은 역사책을 읽을 때에 역사가들의 학자적인 양심을 신뢰하고 책을 읽습니다. 사가들이 당시에 있던 사실들을 모아 기록해놓은 것이라는 것 때문에 우리가 가서 본 일이 없을지라도 그 사실을 믿습니다. 우리는 이순신 장군이 노량해전에서 승전하고 전사했다고 기록되어 있기 때문에 그것을 본 일이 없어도 믿습니다. 그것을 안 믿는다는 것은 이상한 사람이라고 봅니다. 이러한 역사적 사실을 믿는 것도 하나의 신앙입니다.

- 칼빈이 말했으니까 믿는다는 신앙

그런데 어떤 사람은 거룩한 하나님 나라의 도리를 믿고 배우는 데도 이런 식의 신앙을 갖습니다. 위대한 종교개혁가 칼빈이 말했으니까 우리도 믿는다 그렇게 말할 수 있습니다. 신학서적을 읽고 '아! 그렇구나' 하고서 신뢰하는 것도 하나의 신앙입니다. 그러나 이러한 것이 반드시 구원을 받았다는 증거는 아니라는 것을 알아야 합니다.

이러한 신앙을 역사 신앙이라고 합니다. 마치 역사의 사실을 믿듯이 믿는다는 말입니다. 이러한 신앙은 비록 그가 신앙하는 사실을 승인한다고 할지라도 그것이 그 사람 속에 들어가서 그를 구원할 능력의 역사를 활용하는 일이 없는 경우가 많이 있습니다.

● 역사 신앙을 갖고 신학공부를 하면 ….

그래서 역사 신앙을 가지고 신학공부를 하면 신학공부는 많이 할 수 있지만 구원의 사실에 대해서 확연히 실증하는 생활의 경험이나, 또 지금까지 지내온 생활 가운데서 자기 마음속에 고백할 만한 확실한 신앙의 내용은 없는 일이 생깁니다. 믿음이 능력으로 자기 속에 역사하는 일이 없는 것입니다. 흔히 기독교를 하나의 지식 체계나 학문의 체계로 받아들이는 데서 이런 일이 일어납니다.

현대 신학계의 큰 조류 가운데 하나는 역사 신앙에 주저앉아 신학을 하나의 학문 체계로 받아들이는 것입니다. 그 결과 신학이 신앙이기보다 거의 종교학이 되어 개인의 철학이 되고 있습니다.

● 불트만의 신학, 바르트의 신학, 틸리히의 신학

그래서 불트만의 신학이라든지 바르트의 신학이라든지 틸리히의 신학이라는 말이 나왔습니다. 특별히 틸리히는 파스칼이 사후에 외투 안쪽에 헝겊에 써서 붙여 놓아 유명한 "아브라함의 하나님, 이삭의 하나님, 야곱의 하나님, 예수 그리스도의 하나님"이란 말을 "아브라함의 하나님, 이삭의 하나님, 야곱의 하나님, 철학자의 하나님"이라고 불렀습니다. 그는 철학, 심리학 등을 동원해서 조직신학 책을 썼습니다.

지식은 있으나 믿음이 아니고 지식으로 바꿔진 셈입니다. 하나님 나라는 말에 있지 아니하고 능력에 있는 것을 모르는 것입니다. 그래서 저는 현대 신학자들의 신앙을 거의 인정하지 않습니다. 신학적인 체계만 있지 그 말씀의 능력을 체험하지 못하고 사는 무리들이 다수입니다.

● 귀신들의 신앙

성경에 보면 이런 역사 신앙의 가장 극명한 예가 귀신들의 신앙인 것을 밝히고 있습니다. 귀신들은 예수님이 하나님의 아들인 것을 잘 알았습니다. 그러나 그들은 구원을 얻는 신앙을 갖지 못했습니다.

마가복음 5장에 보면 예수님께서 거라사인의 지방에 이르러서 귀신들린 사람을 만나셨는데 그 사람은 예수님을 보고 "지극히 높으신 하나님의 아들 예수여!"라고 불렀습니다. 다른 사람들은 예수님을 하나님의 아들로 알지 못했으나, 귀신들린 그 사람은 귀신으로 말미암아 예수님을 하나님의 아들로 바로 알았습니다. 그러나 그 귀신들린 사람은 그 후에 무슨 말을 했느냐면 "나와 당신이 무슨 상관이 있나이까?"라고 말했습니다. 귀신들은 예수님을 지식 신앙으로 알고 구원 얻는 신앙을 가진 자들이 못 되었던 것입니다.

그래서 야고보서 2:19에 보면 "네가 하나님은 한 분이신 줄을 믿느냐 잘하는도다 귀신들도 믿고 떠느니라"라고 말씀했습니다. 귀신들도 예수님은 한 분 하나님인 것을 알고 믿었습니다.

그러나 그런 믿음으로 구원을 받지 못했습니다.[1] 진리에 대한 관념적 지식으로는 구원을 얻지 못하는 것입니다. 성령님께서 그 속

---

1 야고보서 2:19 말씀으로 조나단 에드워즈는 "귀신들의 경험과 구별되는 참된 은혜"라는 매우 기념비적인 설교를 했습니다. 단순히 귀신들의 체험(혹은 지식들)을 다룬 것이 아니라, 이로부터 염출하여 신앙이 있는 성도들이, 자신이 의지하는 신앙의 근거들을 대부분의 예로 들면서, 그것이 참된 신앙(회심)의 표지(sign, mark)가 될 수 있는지를 다루면서 이와는 구별되는 '참된 신앙'이 무엇인지를 분명하게 제시하고 있습니다. 관심 있으신 분은 『그리스도와의 연합과 그 열매들』(임덕규 저, 기독교문서선교회) 부록에 국내에서 처음으로 번역된 에드워즈의 설교를 보시기를 권면 드립니다.

에서 역사하는 믿음이어야 구원 얻는 믿음입니다. 구원 얻는 신앙은 예수 그리스도로 말미암아 성령이 임하는 것이기 때문에 거기에는 믿음의 능력이 자연스럽게 생활 행동으로 나타나는 것입니다.

● 새로운 이야기에만 관심

교회에서도 가끔 보면 하나님의 말씀을 교회에서 선포할 때, 거기에 이전에 듣지 못했던 이야기가 있으면 그것이 재미있다 하고 듣습니다. 또 재미를 붙여서 계속 알아보고자 하는 태도도 이런 역사 신앙에 속한 것입니다. 물론 재미 붙이는 것을 나쁘다고 말할 수는 없으나 자꾸 새 사실을 꿰뚫어 캐나가고 싶어 하는 것은 주의해야 할 태도입니다.

● 종교지식의 원천으로 아는 신학자들

이것은 흔히 신학을 공부하는 사람들에게서 발생되기 쉬운 태도입니다. 하나님의 말씀을 자기 종교지식의 원천으로 여기는 것은 위험합니다. 다수의 신학자들 중에서도 구원의 확신이 없고 진리를 받지 못한 신학자들이 이런 식으로 행동을 합니다. 자기 종교지식의 원천으로 알면서 신앙을 갖고 있다 합니다.

구속의 은혜의 방도로서 말씀의 권위로 대하지 않고 자신의 종교지식의 원천으로 알고 공부한다 이 말입니다. 말씀을 지식의 원천으로 갖고 자꾸 하나님의 말씀을 이렇게 저렇게 지식으로 따지는데, 그러면 안 되는 것입니다. 나를 구원하시는 말씀의 권위로 대해야 참 구원을 받는 신앙이 됩니다. 지금까지 제가 역사 신앙에 관해서 말씀을 드렸습니다.

3) 기적 신앙

두 번째로는 기적 신앙에 대해서 알아보겠습니다. 기적 신앙이란 기적이 자기에 의하여 또는 자기를 위하여 일으켜지게 될 것이라고 하는 개인의 확신을 말합니다. 만일 사람이 스스로 기적을 행할 수 있다든가 혹은 행할 수 있을 것이라고 확신하게 되면 그가 벌써 능동적 의미에 있어서 이러한 신앙을 소유하고 있는 것입니다.

● 능동적 혹은 피동적 의미의 기적 신앙

마태복음 17:20에 보면 예수님께서는 이렇게 말씀하셨습니다.

> 이르시되 너희 믿음이 작은 까닭이니라 진실로 너희에게 이르노니 만일 너희에게 믿음이 겨자씨 한 알 만큼만 있어도 이 산을 명하여 여기서 저기로 옮겨지라 하면 옮겨질 것이요 또 너희가 못할 것이 없으리라(마 17:20).

이것이 능동적 의미의 기적 신앙입니다.

또 한편 어떤 사람이 기적을 자기에게 혹은 자기를 위하여 일으켜지게 될 것이라고 생각한다면 이 사람은 피동적 의미에 있어서 그것을 소유하고 있는 것입니다. 마태복음 8:11-13에 나오는 백부장의 신앙이 이런 신앙입니다. 예수님께서는 백부장에게 "가라 네 믿은 대로 될지어다 하시니" 그 즉시 백부장의 하인이 나았습니다.

이런 기적 신앙은 구원 얻는 신앙을 수반할 수도 있고, 수반하지 않을 수도 있습니다. 때로는 구원 얻는 신앙이 아닌 경우가 많이 있습니다.

● 목사나 신학자나 교직자 노릇 했다면….

마태복음 7:21-23에서 예수님께서 이렇게 말씀했습니다.

> 나더러 주여 주여 하는 자마다 다 천국에 들어갈 것이 아니요 다만 하늘에 계신 내 아버지의 뜻대로 행하는 자라야 들어가리라 그날에 많은 사람이 나더러 이르되 주여 주여 우리가 주의 이름으로 선지자 노릇 하며 주의 이름으로 귀신을 쫓아 내며 주의 이름으로 많은 권능을 행하지 아니하였나이까 하리니 그때에 내가 그들에게 밝히 말하되 내가 너희를 도무지 알지 못하니 불법을 행하는 자들아 내게서 떠나가라 하리라(마 7:21-23).

여기서 주의 이름으로 선지자 노릇 했다는 것은 말하자면 예수 이름으로 목사 노릇을 하고 예수 그리스도 이름으로 신학자 노릇을 하고 예수 그리스도 이름으로 교직자로서의 일생을 괴로움 가운데서 견디며 살아왔으니 이제는 이 일을 주께서 인정하실 것이라는 생각입니다.

그 다음에 중요한 것은 주의 이름으로 귀신을 쫓아냈다는 것입니다. 그것은 소위 귀신을 내어 쫓는 축사행위를 말합니다. 그것은 대단히 중요한 일로서 보통 일이 아닙니다.

또한 주의 이름으로 많은 권능을 행했다는 것은 기사와 이적을 행했다는 말도 포함됩니다. 이런 큰 일들을 했다고 할 때에 예수님께서 그런 것에 대하여 모두 부인했다는 것은 아닙니다. 그러나 많은 사람이 와서 그런 것을 가지고 이야기 할 때 "나는 너희를 도무지 알지 못한다"고 하신 것입니다.

- 기적 신앙이 복음 진리 신앙을 대체하지 못한다.

기적을 행할 수 있는 믿음이라든지 기적을 승인하는 믿음이 구원의 신앙의 요소로서 절실히 필요한, 예수님이 하나님의 아들 그리스도시라는 복음 진리에 대한 신뢰를 대체하지 못한다는 것을 알아야 합니다.

복음 진리에 대한 신앙은 필연적으로 그런 물질적인 기적 행위보다도 훨씬 초연한 위대한 기적적 사실을 신뢰하고 나와야 합니다. 그것은 바로 예수 그리스도 안의 영원한 생명이 내 안에 들어와서 그 새로운 영원한 생명으로 말미암은 새사람이 형성된다는 기적적인 사실입니다.

이것을 안 믿고는 안 됩니다. 곧 그리스도의 십자가 상의 속죄라는 사실을 믿는 것이 중요한 문제입니다. 구원을 가져다주는 예수 그리스도의 복음 진리를 믿는다고 할 때는 예수님이 누군가에 대한 예수님의 하나님의 아들의 신성의 인격을 믿고 예수님께서 무엇을 하셨는가에 대한 예수님의 사역, 곧 그리스도의 십자가의 대속의 죽음과 부활의 사역을 의심 없이 믿어야 하는 것입니다. 이러한 진리를 믿고 확신을 가질 때 그리스도 안에서 새 생명을 얻게 됩니다. 이 신앙이 구원 얻는 신앙입니다.

어떤 기적을 행할 수 있다든지 내가 기도하면 저 사람의 병이 낫는다든지 하는 것으로 구원의 신앙을 대체할 수 없습니다. 병 낫는 것이 제일 중요하다면 예수님께서 손을 대서 낫게 해주셨든지 병원에 가서 의사의 수술 받고 나았든지 그 결과는 마찬가지입니다. 원래 예수님께서 기적을 행하실 때 그런 것을 중점적으로 하지 않으셨습니다.

예수님께서는 병을 고치시려고 이 세상에 오신 분이 아닙니다. 예수님께서 기적을 행하신 의미는 예수님이 누구이신가를 우리에게 알려주시는 것이었습니다. 우리는 예수님께서 기적을 행하실 때에 물리적인 효과에 가장 중요한 의미를 두고 행하는 것이 아니라는 것을 명심해야 합니다.

- 예수님은 하나님의 계시, 하나님의 말씀

예수님은 하나님의 계시로서 이 땅에 오셨습니다. 예수님은 하나님의 말씀이십니다.

> 말씀이 육신이 되어 우리 가운데 거하시매(요 1:14).

요한복음 1: 14은 그렇게 말합니다.

말씀이신 분이 우리 안에 오셨다 이 말입니다. 그러니까 중요한 것은 말씀인 것입니다. 하나님의 말씀, 그리스도의 말씀에서 우리는 비로소 구체적인 관념이나 사상을 터득해 나가는 것이고 진리의 도리를 깨닫고 알게 되는 것입니다.

예수님의 기적에 대하여 오해가 일어난 것은 말씀이 우리에게 무엇을 알게 하고 무엇을 요구하는가를 생각지 아니하고 기적 자체에서 무엇을 터득해보려는 까닭입니다. 예수님께서 하신 기적은 그 것이 가지고 있는 물리적인 결과가 최종적인 의미를 갖는 것이 아닙니다. 초자연적인 현상으로 나타나는 신통력의 발휘가 특별한 하나님의 섭리의 최종적인 의미가 아닙니다. 예수님께서 친히 말씀으로 우리에게 가르쳐주신 데에 그것이 의미를 갖는 것입니다.

- 예수님이 누구신가?

예수님께서 말씀으로 가르쳐주신 큰 사실은 무엇입니까? 이미 말씀드렸지만 다시 정리해서 말씀드립니다. 예수님께서 이 세상에 오신 큰 목적은 그 당시 히브리 사람들의 사회에 예수님이 누구신 가를 알게 하고 깨닫게 하시려는 것이었습니다.

그러나 유대인들은 그들이 가지고 있는 선입관과 완고한 전통으로 예수님이 누구신가를 바로 알 수가 없었습니다. 신학적 용어로 말하면 기독론 혹은 메시아론에 관한 문제였습니다. 과연 메시아는 어떤 분이어야 하며 또 우리가 기다리고 있는, 이스라엘 백성들이 기다리고 있는 소망의 메시아는 누구냐? 그런데 예수님은 과연 어떤 분으로 오셨는가? 이걸 다루어야 했습니다.

하나님께서 예수님을 메시아로 보내셨다는 것을 알아야 했습니다. 이것을 모르면 예수님께서 오신 목적에 부합한 결과를 얻을 수가 없습니다. 우리가 예수님을 위대한 성자로 믿거나 위대한 스승으로 믿거나 위대한 사상가로 믿거나 혹은 위대한 종교의 창시자로 믿게 되면 구원 얻는 신앙이 될 수 없습니다.

● 예수님은 그리스도 살아계신 하나님의 아들

예수님은 그리스도시오 살아계신 하나님의 아들이심을 믿어야 구원 얻는 신앙이 됩니다. 하나님과 일체이신 하나님의 아들로서 예수님은 말씀이 육신이 되신 분으로 그것을 믿어야 됩니다. 그리고 우리 죄를 대신해서 십자가에서 피 흘려 죽으시고 부활하신 하나님의 아들로 믿어야 구원을 얻습니다.

예수님의 제자들은 이 신앙을 갖도록 훈련되었습니다. 예수님께서는 이 신앙을 갖도록 하시기 위해서 기적을 그들에게 베푸셨습니다. 그리하여 제자들은 예수님께서 십자가에 못 박혀 죽으러 가까이 가셨을 그 무렵에야 비로소 예수님을 그리스도시오 살아계신 하나님의 아들로 고백할 수 있었습니다. 예수님에게서 나타나는 기적이나 기적의 결과를 통해 제자들은 예수님을 하나님의 아들로 보게 되는 안목이 희미하게나마 생겨났던 것입니다.

- 교회에서 가장 놀라운 기적은? 영혼구원이다.

그러므로 우리는 오늘날 교회에 나타나는 기적에 대하여 정당하게 생각해야 합니다. 기적에 대하여 그릇된 길로 들어가서 해석을 하기 시작하면 그릇된 믿음 가운데 빠져들어가기 쉽습니다. 가장 놀라운 기적은 따로 있습니다. 병 낫는 것, 무슨 알코올 중독자가 새로운 사람이 되었다는 것, 이것도 기적이지만, 이보다 더 큰 기적이 나타나야 되는 것입니다.

허물과 죄로 죽었던 우리를 살려내셨다는 것이야 말로 더할 수 없이 위대한 기적입니다. 이러한 기적이 아니고는 구원 얻는 신앙이 아닙니다. 여러분 가운데 병고침 받았다고 예수님을 믿는 사람이 있는데, 그것은 육신의 병입니다. 영혼의 병인 죄의 문제를 해결받지 않으면 구원 얻는 자가 안 되는 것입니다. 잘 알아야 됩니다. 그러니까 병 고침 백 번 받아도 구원 얻지 못한 사람이 얼마든지 있을 수가 있습니다.

4) 일시적 신앙(현세 신앙)

세 번째로 일시적 신앙, 현세 신앙을 말씀드리겠습니다. 이 신앙은 양심의 어떤 자극이나 애정의 분발을 수반하고 있기는 하나 중생된 마음에 뿌리를 박지 못한 종교적 진리에 대한 확신입니다. 이 명칭은 마태복음 13장의 씨 뿌리는 비유에서 유래되었습니다.

마태복음 13:20-21에서 이렇게 말씀합니다.

> 돌밭에 뿌려졌다는 것은 말씀을 듣고 즉시 기쁨으로 받되 그 속에 뿌리가 없어 잠시 견디다가 말씀으로 말미암아 환난이나 박해가 일어날 때에는 곧 넘어지는 자요
> (마 13:20-21).

● 상상적 신앙

이 구절에서 말한 신앙이 일시적 신앙이라고 불리어지고 있는 것은 영속적 신앙이 없어서 환난과 핍박의 날에 그 자체를 유지하지 못하기 때문입니다. 이 신앙은 위선적 신앙이라고 말할 수는 없습니다. 왜냐하면 그것을 소유하는 사람들은 참된 신앙을 갖고 있다고 본인이 믿고 있기 때문입니다. 그러나 그것은 상상적 신앙이라고도 할 수 있습니다. 외견상 참된 것으로 보이지만 나중에 소멸되는 것이기 때문입니다.

이 일시적 신앙과 구원의 신앙을 구별짓는 데는 큰 어려움이 있습니다. 예수님께서는 이러한 현세 신앙의 소유자를 가리켜서 "그 속에 뿌리가 없어"라고 말씀하셨습니다. 일반적으로 일시적 신앙은 감정에 뿌리를 박고, 하나님의 영광보다는 오히려 인간적인 기쁨을 추구하는 것이라고 말할 수 있습니다.

● 자아가 서 있다.

어떤 사람은 자기 출세욕에 대해서는 절대 양보할 수 없다 그럽니다. 또 어떤 사람은 명예를 얻기 위해서, 또 어떤 사람은 부를 얻기 위해서, 혹은 쾌락추구를 위해서, 어떤 사람은 자기 이상에 도달하기 위해서 예수님에게 자리를 양보할 수 없다는 자기 고집, 자기 자아가 딱 중심에 서 있습니다. 그 자아가 부서지지 않고 서 있습니다. 그것이 돌이 되어가지고 뿌리를 못 내리게 하는 것입니다.

- 전도폭발 훈련 메시지

이런 것만 일시적 혹은 현세적 신앙이 아닙니다. 전도폭발 훈련이라는 유명한 복음 전도 훈련이 있는데 이 훈련의 복음 제시 암송 내용 중에 이런 현세 신앙에 관한 내용들이 잘 다루어져 있습니다. 간단히 요약해보겠습니다. 거기서 이런 얘기가 나옵니다.

재정적인 주님을 의지할 때 그것은 재정 믿음이다. 가족을 돌봐주도록 주님을 의지할 때 그것은 가족 믿음이다. 결정을 내리는 일을 도와주시도록 주님을 의지할 때 그것은 결정 믿음이다. 여행할 때 기도하는데 그것은 여행 믿음이다. 이 모든 믿음의 공통적인 것이 하나 있다. 그것들은 다 일시적인 혹은 현세적인 믿음이다. 그것들은 다 이생의 것들, 잠시 있다가 지나갈 이 세상의 것들이다. 지금 많은 사람이 이 모든 일시적인 문제를 위해서 주님을 믿고 있다. 그러나 구원 얻는 믿음은 선생님을 구원하실 그리스도를 영원히 신뢰하는 것에 있다.

● 영혼의 생명양식이 되어야

그러니까 기도를 열심히 하고 평생토록 할 수는 있지만, 그 믿음이 일시적 믿음일 수가 있는 것입니다. 일시적 신앙은 중생된 마음에 뿌리를 박지 못한 종교적 진리에 대한 확신입니다. 신앙이 그 영혼 속에 들어가서 뿌리를 박고 하나님께서 생명의 양식을 공급해주셔야 하는데, 그럴 능력이 없는 것입니다. 말씀이 지적인 내용으로나 혹은 도덕적인 교훈으로나 현실적 필요로는 작용할지 모르지만 영혼의 생명의 양식으로 역사하는 사실이 없을 때는 구원을 얻는 신앙이 아닌 것입니다.

그래서 이러한 신앙이 진짜인가 가짜인가 시험하기도 하는데 그것이 환란과 박해입니다. 구원의 믿음이 있다면 개인의 문제 앞에서도 확실히 뿌리내린 신앙으로 승리를 얻을 것입니다. 그래서 그 신앙이 진짜라는 것을 자꾸 증명해 갑니다.

● 넘어지면 일어나지 못한다.

이러한 신앙의 터 위에서 그 사람이 믿음이 있다고 할 수 있는 것이지 교회 예배당만 열심히 드나든다고 해서 믿음이 있다고 할 수 없는 것입니다. 뿌리가 없는 신앙을 가진 자는 여러 가지 다양한 시련 속에서 그냥 무너져버리고 맙니다. 무너졌다가 다시 일어나지 못합니다.

그러나 복음에 뿌리가 내린 하나님의 자녀에게는 하나님의 약속대로 다시 일어서는 것입니다. 진리의 말씀을 믿고 기도의 등불만 켜고 있으면 어떤 어려움이 있다고 할지라도 해결할 답이 주어집니다. 구원 얻는 믿음만 있으면 승리하는 것입니다. 참된 신앙의 실천인 기도만 할 수 있다면 승리합니다.

여러분 어떤 문제가 있습니까? 이러한 일시적 신앙이 아니라 참된 신앙을 가지고 기도하면 문제의 답이, 하나님께서 주신 답이 보인다는 것입니다. 보일 때까지 기도해야 합니다.

5) 구원의 신앙

(1) 참된 구원의 신앙이란 무엇인가?

이제 마지막으로 참된 구원의 신앙, 구원 얻는 신앙을 네 번째로 살펴보고자 합니다. 그러면 참된 구원의 신앙이란 무엇이냐? 이미 말씀했습니다만, 이 신앙은 그 자리를 마음에 두고 중생한 생활에 그 뿌리를 갖고 있는 신앙을 말합니다.

- 하나님께서 심으신다.

하나님께서는 이 신앙의 씨앗을 중생한 마음에 심으십니다. 하나님께서 이 신앙의 씨앗을 마음에 심은 후에라야만 사람은 신앙을 능동적으로 활동시킬 수가 있는 것입니다.

구원의 신앙이란 성령으로 말미암아 마음에 일으켜진 바 복음 진리에 대한 확신이며 또한 그리스도 안에서 행하신 하나님의 약속에 대한 신실한 신뢰라고 정의할 수가 있습니다.

한 개인이 예수님이 하나님의 아들이시라는 진리, 예수님이 그리스도시라는 진리, 예수님의 십자가 대속의 죽음과 부활을 일으켰다는 진리의 실재성에 대한 확신을 가질 때, 신앙의 씨앗이 마음에 심어지는 것입니다. 물론 하나님께서 이 신앙의 씨앗을 그 사람의 마음에 심으십니다. 그래서 그 사람은 단번에 믿음이 생겨서 어둠에서 빛으로 들어오게 됩니다.

우리는 이러한 구원 얻는 신앙의 요소에 관해서 보다 더 자세히 살펴보고자 합니다.

● 지적 · 감성적 · 의지적 세 가지 요소

신앙이란 인간 전체의 활동이요 전 인격적인 활동입니다. 영혼의 활동으로서 이 신앙은 단순한 것으로 나타나 보이지만 엄밀히 조사해보면 매우 복잡하고 착잡한 것임을 알게 됩니다. 우리는 이러한 신앙을 세 가지 요소로 나누어서 살펴보고자 합니다. 인간 전체 활동으로서의 신앙은 지적 요소, 감정적 요소, 의지적 요소로 이루어져 있습니다.

(2) 구원 신앙의 지적 요소

먼저 구원 신앙의 지적 요소가 필요합니다. 구원 신앙이란 단순히 지적으로 진리를 받아들이는 것이 아니지만, 그럼에도 불구하고 그것은 어디까지나 하나님의 말씀 속에 계시된 진리를 적극적으로 인식하는 데 있습니다. 물론 신앙에 대한 이러한 지식이 진리에 관한 완전한 이해로 간주되어서는 안 됩니다. 또한 이러한 신앙의 지식이 참되다고 하는 확신이 없이도 안 됩니다. 신앙에 대한 지식은 기독교 진리에 대한 영적 통찰입니다. 그러므로 이들 진리는 죄인의 마음속에서 응답을 얻게 되는 것입니다. 그것은 하나님의 약속에 근거하고 있는 절대적으로 확실한 지식입니다. 이것은 하나님 자신 속에 신적 보증을 갖고 있는 지식입니다. 왜냐하면 하나님께서 그 자신을 그런 지식으로 계시하셨기 때문입니다.

● 신앙은 지식에 근거한다.

이 신앙은 하나님과 그분의 아들 예수 그리스도께 마음 놓고 의지하는 것입니다. 이 신앙은 믿음직한 분에게 언제나 의지하는 반응입니다. 그러므로 신앙은 지식에 근거합니다. 시편 9:10에서 이렇게 말씀합니다.

여호와여 주의 이름을 아는 자는 주를 의지하오리니 (시 9:10).

우리가 하나님과 예수 그리스도를 의지하는 것은 그분이 믿음직하심을 알기 때문입니다. 그러면 어떻게 그분이 믿음직하시다는 것을 아느냐? 하나님께서, 우리 주님께서 그러한 분으로 자기 자신을 계시하셨기 때문에 그렇습니다.

"내가 믿음직하다"라고 말씀하여주셨기 때문에 우리는 믿는 것입니다. 그래서 믿음의 근거는 무지가 아니고 지식입니다. 경건한 무지가 아닙니다. '하나님께서 그 아들을 그리스도로 이 세상에 보내셔서 대속의 죽음을 당하게 하시어 하나님과 자신 사이에 화목이 이루어졌다'는 이 지식에 의해서 믿게 됩니다. 믿음의 근거는 경건한 지식이지 경건한 무지가 아닙니다. 덮어놓고 믿는 것은 구원 얻는 신앙이 아닐 수가 있습니다.

신앙의 사실로서 나타나려면 믿는 내용이 있어야 됩니다. 믿는 최소한의 필요한 지식이 있어야 합니다. 구원 신앙에는 지적 요소가 필요합니다.

그래서 요즘 비판하는 것 중의 하나가 "예수 믿고 천당 가시오" 이런 전도를 하는데 이 말에는 조금 지적 요소가 충분하지가 않습니다. 예수님을 어떻게 믿어야 천당 가냐? 내용이 없다 이 말입니다. 그러니까 무조건 예수 믿으면 천당 간다 이렇게 해가지고 믿었으니까 천당에 갈 것이라고 하는 식의 신앙은 구원 얻는 신앙이 되지 못할 수가 있습니다.

그래서 개혁교회는 항상 성경말씀을 존중하고 높여서 말씀을 바로 깨닫고 말씀이 구속의 은혜의 방도로서 권위를 항상 드러내는 것을 중요하게 여깁니다. 성경은 단순한 종교 경전이나 신학의 원천 정도가 아닙니다. 하나님의 말씀은 살았고 운동력 있는 생명의 역사를 나타냅니다. 성경이 증거하는 참된 하나님을 바로 아는 지식을 가져야 합니다. 물론 그 하나님을 아는 지식이 예수 그리스도와 십자가의 복음입니다. 이걸 알아야 참된 구원이 이루어지는 것입니다.

- 하나님을 아는 지식: 예수 그리스도를 알아야 한다.

그러므로 신앙이라고 얘기할 때는 지적인 요소, 곧 신앙지식을 절대로 소홀히 생각해서는 안 됩니다. 참되게 하나님을 아는 지식이 절대로 필요합니다. 하나님을 알되 먼저 구속의 큰 사실을 알아야 합니다.

예수 그리스도를 알아야 됩니다. 예수님이 하나님의 아들 그리스도이심을 알아야 됩니다. 그리스도께서 성경 전체의 중심인 것도 알아야 됩니다. 역사적인 그리스도의 사건도 알아야 됩니다. 우리 죄를 대신 속죄하기 위해서 하나님의 아들이 역사 속에 들어오셔서 십자가에서 대속의 죽음을 당하신 사실을 알아야 됩니다. 동시에 장사한 지 삼 일만에 부활하신 사실을 알고 믿어야 됩니다.

이 역사적인 그리스도의 죽음과 부활 사건을 알아야 구원 얻는 신앙이 됩니다. 또한 그리스도를 알되 선지자, 제사장, 왕 되신 그리스도로 깊이 알아야 그 구원이 풍성해지게 되는 것입니다. 일생동안 이것을 알아가야 됩니다.

- 복음 진리를 갈망해야 한다.

이러한 구원의 신앙에 필요한 기본 지식이 생겼다면 그것으로 만족해 머물지 말고 자꾸 더 풍부하게 자라나야 합니다. 그 지식을 참되게 성장하고자 열망해야 합니다.

어떤 교수님 한 분이 복음 진리에 갈급하다는 말을 듣고 저와 교제하자는 제의를 받은 바가 있습니다. 기도하고 있습니다. 참되게 구원의 신앙을 얻은 사람은 구원의 신앙의 지식에 대한 갈망이 있게 되어 있습니다.

참된 회심을 경험한 신자는 회심 후에 하나님과 우리 주 예수 그리스도를 더욱 추구하는 것이 회심한 성도들의 특징입니다. 거짓 신앙은 현세에서 만족하고 안주해 버립니다. 그래서 십 년이 되어도 이십 년이 되어도 아무 진보 없이 옛날이나 지금이나 똑같습니다. 이것은 참된 신앙이 아닙니다.

- 자신이 죄인 됨을 자각해야 한다.

또한 그리스도에 관한 지식을 알아야 되지만 동시에 자신이 죄인 됨도 깊이 자각해야 됩니다. 그리스도를 알아야 되지만 자기 자신이 누구인지도 알아야 됩니다.

우리가 예수 그리스도를 필요로 하고 믿어야 하는 것은 자기 자신이 타락한 죄 때문에 그렇습니다. 우리는 세상 죄가 아니라 내 죄 때문에 예수님께서 십자가에서 못 박혀 죽으셨다는 지식을 바로 가져야 됩니다. 자기의 죄를 바로 알고 미워해야 그리스도의 구속도 있는 것입니다.

신자는 하나님 앞에 일대일로 서서 죄의 형벌인 죽음의 선고에 대한 엄숙한 심판의 면죄를 그리스도의 속죄로 받아야 합니다. 오늘 예배시에 대표 기도자가 그런 기도를 드렸습니다. 자기 자신을 죄인으로 판정하지 않으면 훗날 하나님의 면전에서 그는 죄인으로 심판을 받을 것입니다. 구원 얻는 신앙의 지식은 물론 단순히 지적으로 이해만 해서는 안 되는 것으로 지금까지 말씀을 드렸습니다.

- 성령님의 역사를 깨달아야 한다. 기도하라.

그러면 어떻게 신앙의 지식에 대한 참된 깨달음을 얻을 것인가? 그것은 성령님의 역사로 가능합니다. 하나님의 말씀을 성령님께서 깨닫게 해주셔야 합니다. 그래서 신자는 기도해야 합니다. "성령님께서 우리 마음의 문을 열어주셔서 예수 그리스도에 대한 진리를 확신 있게 깨닫게 해주십시오" 하고 기도하는 것입니다. 여러분 성경 읽기 전에 이런 기도부터 해야 됩니다.

시편 기자가 "내 눈을 열어서 주의 율법에서 놀라운 것을 보게 하소서"(시 119:18)라고 기도한 것처럼 그렇게 여러분도 기도해야 됩니다. 이렇게 지적인 요소가 확실해야 하는 것입니다.

(3) 구원 신앙의 감정적 요소

두 번째로 구원 신앙의 요소로서 감정적인 요소도 필요합니다. 개혁교회의 중요한 신앙고백서의 하나인 하이델베르크 요리문답은 신앙의 요소로서 감정적 요소를 구별 짓지 않고 있습니다. 이 감정적 요소는 지적 요소에 포함되는 것으로 봅니다.

● 감정적 요소는 찬동

그러나 구원 신앙 속에 포함되어 있는 지식의 특징은 그것이 그 대상에 대한 최대의 확신을 지닌다고 하는 데 있는데, 이것을 가리켜서 찬동이라고 부릅니다. 그러니까 구원의 감정요소는 한마디로 찬동입니다. 무슨 찬동이냐? 구원 얻는 지식에 대한 찬동입니다. 이것이 구원의 감정적 요소입니다.

구원 얻는 지식에 대한 단순한 역사 신앙만을 소유한 자는 진리에 대해서 반응하지 않습니다. 왜냐하면 그 진리의 지식이 그의 영혼을 붙잡지 못하기 때문입니다. 이것은 구원 얻는 신앙을 소유하고 실천하는 사람과는 전적으로 다른 것입니다. 구원 얻는 신앙의 사람은 진리에 대하여 인격적인 관심에서 의식하고 또 그것에 대하여 진심으로 찬동하는 것입니다. "예수님이 그리스도다. 그렇다. 예수님께서 내 죄를 대신해서 십자가에서 피 흘려 죽으셨다. 그렇다" 이렇게 확실하게 믿고 찬동한다는 말입니다.

● 신성한 감정과 거룩한 불만

종교개혁가 칼빈은 구원 신앙의 감정적 요소를 "신성한 감정"이란 말로 표현을 했습니다. 예컨대 구원 신앙에는 어린아이가 엄마한테 가서 매달리며 엄마를 전부로 알고 딱 잡는 그런 강렬한 감정, 신성한 감정이 움직이고 있는 것입니다.

이러한 신성한 감정은 거룩한 불만이라는 것과 함께 늘 움직입니다. 마음에 참된 진리를 받는 사람은 거룩한 불만이 있습니다. 자기가 알고 있는 것과 하고 있는 것이 다 불만스럽습니다.

하나님과 그리스도를 알고자 하는 열망의 소극적인 측면이 불만입니다. 그러한 소극적인 불만이 없다면 우리는 계속 예수 그리스도를 추구하지 않을 것입니다. 여러분이 '뭔가 내가 이거 좀 부족해! 그리스도를 더 많이 알아야 돼!' 이런 불만이 없다면 여러분 안에는 참된 신앙이 없을 수가 있다는 것입니다. 이것이 소극적인 불만입니다.

● 구원 신앙의 적극성. 아빠 아버지

동시에 구원 신앙의 감정에는 적극적인 것도 있습니다. 적극적으로 거기에 매달리는 감정이 있습니다. 예컨대 나의 고백이 '그렇습니다'에 그치지 않고 '아! 과연 그렇습니다!' 하고 느끼는 것이 바로 그것입니다.

이 느낌으로 하나님을 아버지로만 부르지 않고 "아빠 아버지!" 이렇게 강렬한 자기 애정이 있는 이름으로 부르는 것입니다. 꼭 어린아이가 부모 품에 매달리듯 그런 심정으로 "아빠! 아빠!" 이렇게 아버지라고 부르게 된 것과 같습니다. 이러한 거룩한 감정은 우리 지식에 따라서 움직입니다. 우리 하나님과 그리스도에 대한 지식이 성장함에 따라서 우리의 거룩한 감정도 성장하고 지속됩니다.

● 순결한 마음을 바치라.

하나님과 예수님에 대한 나의 사랑도 점점 성장해가고 하나님께 더욱 의지하고 매달리고 싶은 심정이 생깁니다. 진정한 사랑은 지속성과 순결 속에서 이루어집니다. 우리는 우리의 감정을 하나님과 그리스도께 바치되 순결하게 바쳐서 우리의 하나님과 그리스도께 대한 사랑이 늘 변함없이 지속되도록 해야 합니다. 여러분이 갖고 있는 순결한 마음을 우리 주님께 바쳐야 된다 이 말입니다. 속은 음탕하면서 겉으로만 하면 안 된다 이 말입니다.

때때로 하나님과 그리스도께서 멀리 계신 듯하고 소원해진 때가 있기도 하지만, 기본적으로는 늘 바닷물이 흘러가는 것과 같이 요동하지 않는 거룩한 감정이 움직이는 것입니다. 이런 것이 구원 신앙의 감정적 요소입니다.

- 날마다 성령 충만을 받아야 한다.

제 개인적으로는 그리스도를 아는 지식이 자라감에 따라서 하나님과 우리 주 그리스도에 대한 사랑의 감정이 더욱 커지고 성장해감을 느낍니다. 과거보다 더욱 우리 주님을 의지하는 마음, 또한 거룩한 불만이 있습니다. 예수 그리스도와 그의 말씀으로 채우지 않으면 이런 불만이 해소되지 않습니다.

성령 충만을 받지 않으면 마음의 참된 평안이 없습니다. 내 배에서 생수의 강이 흘러 넘치는 삶을 사는 것이 매일의 소원이고 기도이며 또한 그것이 행복이고 만족입니다. 이런 것이 어제는 있었지만 오늘은 없다 이 말입니다. 그러니까 또 새롭게 받아야 됩니다.

우리 모든 복음을 받은 그리스도인들은 자신의 신앙상태를 살피면서 우리 안에 과연 거룩한 감정, 신성한 감정이 가득 차 있고 흘러가고 있는가를 늘 살펴보아야 합니다. 우리 마음이 하나님과 그리스도에 대해서 냉랭해져 있다고 그러면 그것은 보통으로 넘길 일이 아닙니다.

예수 그리스도를 추구하고 또 추구하고자 하는 마음이 식어지지 않도록 성경 말씀을 읽고 듣고 묵상하면서, 동시에 하나님의 사 랑과 이웃 사랑을 실천하면서, 부단히 기도하면서 살아가야 하는 것입니다.

⑷ 구원 신앙의 의지적 요소

다음은 구원 신앙의 세 번째 요소인 의지적 요소에 대해서 알아보겠습니다. 구원 신앙의 의지적 요소는 구원 신앙에 있어서 최고의 요소가 됩니다. 신앙은 단순히 지식의 문제이거나 지식과 감정을 결합한 문제만은 아닙니다. 그것은 상호 간에 방향을 결정하는 의지의 문제요, 영혼이 그 대상으로 나아가서 그것을 붙잡는 영혼의 행위인 것입니다.

● 의지적 요소는 그리스도에 대한 신뢰

이 제3의 요소인 의지적 요소는 우리 주 예수 그리스도에 대한 인격적 신뢰를 의미합니다. 구원 신앙의 의지적 요소는 한마디로 신뢰입니다. 예수 그리스도께 대한 신뢰입니다.

이 신뢰에서 인간은 죄로 더럽혀진 영혼을 그리스도에게 완전히 드리고 그를 사죄와 영적 생명의 근원으로 받아들여 우리 영혼을 그리스도로 채우는 것입니다. 이것은 안전과 보장, 감사와 기쁨의 확실한 감정을 가져옵니다. 그 자체가 확실성 있는 신앙은 영혼 속에서 보증의 의식과 확신의 감정을 일깨워주는 것입니다.

● 신뢰는 자기 부인으로 나타난다.

이 구원 신앙의 의지적 요소로서 그리스도께 대한 전적인 신뢰는 일차적으로는 자기부인으로 나타납니다. 예수님께서는 자기를 신뢰하는 제자들에게 예수 제자 되는 조건을 이렇게 말씀했습니다. 누가복음 9:23 말씀입니다.

> 아무든지 나를 따라오려거든 자기를 부인하고 날마다 제 십자가를 지고 나를 따를 것이니라(눅 9:23).

그렇게 말씀하셨습니다. 그것은 우리가 그리스도를 신뢰하는 신앙을 가진 자라면 우리가 날마다 생각해야 될 문제는 내가 오늘도 자기를 부인하고 내 십자가를 지고 예수 그리스도를 따르는 것입니다.

이것이 매일의 문제요 동시에 일생의 문제입니다. 우리가 매일의 문제로 중요한 것은 날마다 자기를 부인하고 날마다 자기 십자가를 지고 날마다 예수님을 따르는 일입니다. 이것이 구원 신앙의 가장 중요한 요소인 의지적 요소입니다. 이 의지적 요소는 다른 말로 의지이며 신뢰입니다. 예수님을 의지하고 신뢰하는 것입니다.

● 자기를 부인한다는 말의 의미

그러면 여기서 자기를 부인한다는 말은 어떤 의미입니까? 불교도들처럼 자기 노력과 수련으로 자기를 비우고 부인한다는 것입니까? 아닙니다. 우리는 스스로 구원 얻을 수가 없고 오직 그리스도를 의지하는 믿음으로 구원을 얻습니다.

그러므로 주님께서 자기를 부인하라고 하신 말씀의 뜻은 자신이 그리스도와 함께 십자가에 못 박혀 죽어있다는 상태에 있으라는 말입니다. "너는 나와 함께 십자가에 못 박아 죽었느니라" 그런 상태입니다. 스스로 자기 힘으로 자기 자아를 깨버리고 부수어서 부인하려고 애쓰지 말고 자기를 완전히 부인하여 십자가에 못 박혀 죽으신 그리스도와 연합하여 있으라 그 말입니다.

- 내가 아니라 그리스도입니다.

그러니까 우리 주님께서 자기를 부인하라고 하신 말씀의 뜻은 자기가 부인되어 있는 상태에 있으라는 말입니다. 막 노력해가지고 자기를 부인한다, 그것은 불교도들이 하는 일입니다. 여러분이 진짜 신앙을 가지면 여러분은 이천 년 전에 그리스도와 함께 십자가에 못 박혀 죽어버린 자입니다. "내가 아니라 그리스도입니다." 이러한 상태에 있으라는 것입니다.

성령님께서 역사하면서 우리와 그리스도가 연합하시도록 하실 때 우리는 예수님과 연합된 자로서 예수님처럼 진정한 자기 부인이 나오는 것입니다. 여러분은 십자가에 못 박힌 그리스도를 바라보면서 '임덕규, 너는 그리스도와 함께 죽었다!' 이렇게 생각하고 믿어야 합니다.

'너의 혈기는 그리스도와 함께 죽었다! 너의 자존심과 너의 야망은 이미 그리스도와 함께 죽었다!' 이렇게 생각하는 것입니다. 그럴 때 성령님께서 참되게 자기 부인의 은혜를 부어주시게 되어 있습니다. 성령님께서 죄와 사망의 법에서 우리를 해방시켜주는 것입니다. 그리하여 자기를 부인하고 자기 십자가를 기쁘게 지고 주님을 따를 수가 있습니다.

이 자기 십자가를 지고 주님을 따르는 것에 대한 가장 훌륭한 성경의 주석은 갈라디아서 2:20의 말씀입니다.

> 내가 그리스도와 함께 십자가에 못 박혔나니 그런즉 이제는 내가 사는 것이 아니요 오직 내 안에 그리스도께서 사시는 것이라 이제 내가 육체 가운데 사는 것은 나를 사랑하사 나를 위하여 자기 자신을 버리신 하나님의 아들을 믿는 믿음 안에서 사는 것이라

그렇게 고백을 했습니다. 자기 십자가를 지고 간다는 예수님의 제자되는 절대적인 조건의 하나가 갈라디아서 2:20의 말씀입니다. 구원의 신앙을 가진 사람이 예수님 외에 다른 누구를 따라갈 수가 없습니다. 일생을 하나님과 그리스도 앞에 다 드려서 하나님과 그리스도께서 원하시는 대로 주장하시고 이끌어주시기를 바라면서 시작해야 합니다.

- 자기 희망사항을 붙이지 말라.

거기다가 자기의 희망사항을 이렇게 저렇게 붙이지 않는 것이

구원 얻는 신앙의 참된 신뢰입니다. 하나님께서 주신 소원과 희망 사항이라면 붙들고 기도하며 살아야겠지만, 자기 길을 자기가 정한 다음에 '이제는 이것을 해서 하나님과 그리스도를 기쁘시게 하겠습니다. 이것을 이렇게 이렇게 해서 하나님께 영광을 돌리겠습니다. 그러니까 나에게 축복하십시오' 이런 생각은 자기부인의 생각이 아닙니다.

어떤 사람은 자기 욕심과 자기 정욕을 속에 감추어두고 마치 주님의 뜻인 것 같이 생각하기도 하는데 스스로 속이면 안 됩니다. 순종이 제사보다 낫다는 것을 알아야 합니다.

말은 하나님 마음대로 하시고 하나님 뜻대로 하십시오 하면서도 속으로는 욕심과 야망이 차 있다고 하면 안 됩니다. 하나님께서는 우리 마음 속을 들여다 보고 계십니다. 내 소원이 정욕적이며 세속적이며 옛 아담적이라면 그것이 그리스도와 함께 십자가에서 못 박아 죽어야 할 것들입니다.

구원의 신앙의 의지적 요소인 그리스도께 대한 참된 신뢰를 가지면 우리는 오직 그리스도를 믿는 믿음의 구원을 얻고 사는 자가 될 수 있습니다. 우리는 스스로 구원 얻을 수가 없고 오직 이 믿음을 통한 은혜로 말미암아 구원을 얻는 것입니다. 그래서 우리가 이렇게 기도해야 됩니다.

●나는 당신의 구원을 받아야 할 죄인입니다.

"주님이시여! 당신의 능력 있는 두 손으로 저를 붙들어주옵소서. 좁은 길, 십자가를 지고 가는 길에서 나를 붙드십시오. 나는 내 힘으로는 이 십자가의 길, 자기를 부인하고 걷는 걸음에 한 발자국도 나갈 수 없습니다. 오 신실하신 주 내 영혼의 구주시여! 나를 받아주십시오. 나를 맡아주십시오. 나는 당신의 구원을 받아야만 하는 죄인입니다" 이렇게 기도해야 됩니다. 그리고 그리스도만을 의지해야 됩니다.

3. 결론

예수님은 그리스도시오 살아계신 하나님의 아들이십니다. 예수님은 하나님의 아들 그리스도시라는 증거로 우리 죄를 대신해서 십자가에서 피 흘려 죽으시고 죽은 자들 가운데서 부활하셨습니다. 이 그리스도 십자가 복음으로 우리 모두는 깊은 뿌리내리기를 소원합니다.

우리 모두는 예수님이 하나님의 아들이시라는 진리, 예수님이 그리스도시라는 진리, 예수님이 내 죄를 대신해서 십자가에서 피 흘려 죽으시고 부활하셨다는 대속의 진리의 실재성에 대한 참된 확신을 가질 것입니다. 물론 하나님의 은혜로 확신도 옵니다. 그렇다고 해서 우리가 가만히 있어야 하냐? 그렇지 않습니다.

우리는 이러한 진리의 실재성에 대한 확신이 부족하면 그 실재성에 대한 열망을 가져야 합니다. 그리스도를 아는 참된 지식을 갖도록 추구해야 합니다. 믿음의 근거는 무지가 아니고 지식이라고 했습니다. 믿음의 근거는 경건한 지식이지 경건한 무지가 아닙니다. 덮어놓고 믿는 것이 아닙니다. 하나님과 우리 주 그리스도를 아는 지식에서 자라가야 합니다.

또한 신앙이 있다고 하면서도 하나님과 우리 주 그리스도에 대한 사랑에 냉랭해서는 안 됩니다. 예수 그리스도의 복음 진리에 대한 확신과 아울러 나타나는 참된 찬동이 있어야 합니다. 마치 어린아이가 엄마한테 가서 매달리며 엄마를 알고 딱 붙잡는 그러한 강렬한 감정, 신성한 감정이 있어야 하는 것입니다.

참된 신자들은 구원받기 전에 느끼고 자각하던 것과는 그 본질과 종류가 다른 새로운 내적인 감각과 지각으로 살아갑니다. 그래서 구원 얻는 신앙의 감정은 시간이 갈수록 더 은혜와 사랑을 추구하는 갈망이 더해지게 되어 있습니다. 하나님과 그리스도를 더욱 사랑하고 그 은혜를 더욱 갈급하고 열망하는 것입니다.

구원 얻는 신앙의 최고의 요소는 신앙의 의지적 요소였습니다. 곧 하나님의 아들 예수 그리스도에 대한 인격적 신뢰였습니다. 이 신뢰에서 인간은 죄로 더럽혀진 영혼을 그리스도에게 완전히 드리고 예수 그리스도를 사죄와 영적 생명의 근원으로 받아들여 그리스도로 채우는 것이었습니다.

신앙의 의지적 요소에서 분명하게 나타난 것은 그리스도와 함께 연합해서 그리스도를 따르겠다는 것입니다. 누가 뭐라고 해도 요지부동하게 나는 그리스도를 따른다 하는 일종의 고집, 확고부동하고 타협하지 않는 태도가 필요합니다.

만일 누가 참으로 구원의 신앙이 있고, 구원의 신앙 속에서 나온 지적 요소인 예수 그리스도에 관한 지식이 있기 때문에 또한 그 지식을 찬동했으면 또 그 지식에 대해서 요지부동하게 움직여야 하는 것입니다. 그리스도의 제자로 그리스도를 따르는 것입니다. 예수 그리스도를 절대적으로 신뢰하는 것입니다.

● 한 목사님의 불굴의 의지적 행위

제가 과거에 섬기던 교회의 교육 목사님으로 계신 분이 있었습니다. 군목 후보생이었는데 그분의 간증을 들었습니다. 이분이 부산에서 홀어머니 슬하에서 고3을 마치고 서울에서 신학교를 다니겠다고 하니까 그분의 어머니가 극구 반대하셨답니다. 그러나 아들이 하도 뜻을 굽히지 않으니까 하루 저녁은 그 어머니가 저녁 식사 끝난 다음에 식칼을 들고 와서 "나를 죽이고 가든지 그만 두든지 하라"고 사생결단의 요구를 했습니다.

어떻게 해서 그 목사님이 이 담판에서 이겼는지 모르겠는데, 그 이야기는 자세히 안 했습니다. 어쨌든 그분은 그것을 이기고 요지부동하게 그리스도를 따르는 예수 제자의 길을 갔습니다. 지금 군목으로 계십니다.

사랑하는 성도 여러분, 예수님이 그리스도이십니다. 예수님이 십자가에서 우리 죄를 대신해서 피 흘려 죽으시고 장사한 지 삼 일 만에 부활하시고 승천하신 후 하나님 보좌 우편에 그리스도로 취임하셔서 하늘과 땅의 모든 권세를 갖고 통치하고 계십니다.

이 지식이 참된 복음 진리입니다. 이 참된 복음 진리를 알고 믿고 찬동하고 의지하고 신뢰하면 성령을 선물로 받습니다. 이것이 구원 얻는 신앙입니다. 머리로만 인식하는 신앙이 아닙니다. 소위 역사 신앙이 아닙니다. 현세에 있어서 가치만 추구하는 신앙도 구원의 신앙이 아닙니다. 일시적이며 현세적 신앙도 결국 이 세상에 있는 동안만 그 사람은 신자일 뿐입니다. 또한 어떤 종교적 능력이나 기적의 사실을 믿고 그로 말미암아 비상한 능력을 발휘하는 신앙, 그것도 구원 얻는 신앙은 아닙니다.

구원 얻는 신앙은 하나님의 은혜로 오는 것이기 때문에 어둠에서 빛으로 단번에 들어가는 신앙입니다. 하나님께서는 이 신앙의 씨앗을 중생한 자의 마음에 심으십니다. 예수님이 그리스도, 예수님이 하나님의 아들, 예수님의 십자가 대속의 진리의 실재성에 대한 확신이 생기게 해서, 이 확신이란 지식이 그 개인에게 딱 담아져 있고, 그 진리가 시시때때로 그를 인도하고 지도하고 명령하고 다스리며 사는 삶을 살아가게 하는 것입니다. 그러면 그분의 성령께서 그 인생을 반드시 승리로 이끌어가게 하실 것입니다.

기도하겠습니다. 이런 신앙이 여러분에게 오늘 주신 진리의 말씀을 통해서 심어지기를 기원합니다.

> 살아계신 아버지 하나님, 하나님 은혜를 감사합니다. 성경에는 여러 가지 신앙이 있지만 다 구원 얻는 신앙이 아니었습니다. 일시적인 신앙이라든가 또는 역사 신앙이라든가 기적 신앙들은 참된 구원 얻는 신앙이 아니었습니다. 참된 구원 얻는 신앙은 예수님이 하나님의 아들 그리스도이심과

십자가의 대속의 진리에 대한 실재성을 확신하는 것입니다. 그리고 그 지식에 찬동하며 그 그리스도를 절대적으로 신뢰하며 의지하는 것입니다.

이 신앙을 우리가 갖기를 기도합니다. 이 신앙을 어떻게 알게 되겠습니까? 하나님께서 그렇게 자기 자신을 계시하셨기 때문에 우리는 믿는 것입니다. 이 믿음이 참되게 이루어지도록, 성령님이시여, 이 시간에 임재하셔서 우리 마음의 문을 열고 이 진리가 참되게 받아지고 깨달아지게 하여 주시옵소서. 예수 그리스도 이름으로 기도하옵나이다. 아멘

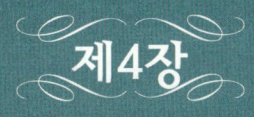

제4장
신앙의 확신

1. 서론: 신자는 구원받은 사실을 확신할 수 있는가?
2. 개혁교회와 신앙 확신의 교리
3. 신앙의 본질과 그 확신
4. 신앙 확신을 가져야 할 이유
5. 신앙 확신의 근거
   1) 하나님의 말씀
   2) 성령의 내적 증거
   3) 변화된 삶의 외적 증거
6. 신앙 확신의 성장 및 상실
   1) 신앙 확신의 성장
   2) 신앙 확신의 상실
7. 신앙 확신에 대한 일곱 가지 테스트
8. 신앙 확신의 결여 및 감정적인 체험 여부
   1) 신앙 확신의 결여
   2) 신앙 확신과 감정적인 체험 여부
9. 결론: 신앙 확신은 신자의 의무이며, 신앙 확신은 성장해야 한다.

1. 서론: 신자는 구원받은 사실을 확신할 수 있는가?

　예수님은 그리스도시오 살아계신 하나님의 아들이십니다. 예수님이 하나님의 아들 그리스도시라는 증거로 십자가에서 우리 죄를 대신해서 피 흘려 죽으시고 죽은 자들 가운데서 부활하셨습니다. 이 그리스도 십자가 피의 복음으로 우리 인생의 모든 문제가 처리되고 해답을 얻습니다. 참되게 우리 모두는 이 예수 그리스도의 피의 복음으로 깊은 뿌리를 가져야 할 것입니다.

　예수님이 하나님의 아들 그리스도시라는 진리의 실재성에 대한 확신, 예수님이 우리 억만 죄악을 대신해서 십자가에서 피 흘려 죽으시고 부활하셨다는 진리의 실재성에 대한 확신을 가질 때 우리는 구원을 얻습니다. 어둠에서 그리스도라는 빛 속으로 들어옵니다. 우리는 이때 참된 하나님과 그분의 아들 예수 그리스도에 대한 신앙을 갖게 됩니다.

　이 신앙은 하나님과 그분의 아들 그리스도에 대한 온전한 신뢰입니다. 예수님이 하나님의 아들 그리스도시라는 지식 때문에 그리스도께 마음 놓고 의지하는 것입니다. 이것을 구원 신앙이라고 합니다.

● 신앙은 어린아이와 같은 마음으로 그리스도를 의지하는 것

저는 예수님이 하나님의 아들 그리스도시라는 진리의 말씀의 실재성에 대한 참된 지각이 생긴 이래로, 어린아이와 같은 마음으로 하나님과 우리 주 그리스도께 의지하며 살아왔습니다. 세상에 예수 믿는 것보다도 더 좋은 것은 없습니다. 세상에 예수 믿는 것보다 더 가치 있는 것은 없습니다.

우리 인생에서 예수 믿는 것이 가장 가치 있는 일입니다. 예수님이 그리스도이시기 때문입니다. 예수님이 하나님의 아들이시기 때문입니다. 지옥 가야 마땅할 내 죄악을 예수님이 대신 지시고 십자가에서 피 흘려 죽으셨기 때문입니다.

예수님을 믿음으로 갖게 되는 감격은 우리 인생이 감당해야만 하는 죄와 죽음으로부터 우리가 해방함을 받았다는 자유함과 기쁨의 감격입니다. 이보다 더 큰 은사가 없습니다.

하나님과 예수 그리스도께서 나를 사랑하시되 자신의 생명의 흘리신 피의 죽음으로까지 우리를 사랑하신 그 사랑을 알기 때문에 우리는 우리 주 그리스도를 믿고 그것을 가장 가치 있는 일로 여기며 살아갑니다. 그리고 우리가 육신의 죽음 이후에 누릴 영생복락의 길을 영원한 하늘나라에서 준비하고 계시기 때문에 우리는 그분

만 의지하고 살 이유가 있습니다.

오늘의 삶은 예수님을 그리스도로 믿고 하나님의 능력을 받아서 예수님을 전하는 전도자로 살아가는 것입니다. 예수 믿는 신앙으로 건강도 얻고 또 성령 충만 받아서 건전한 정신과 지력을 얻어 가지고 하나님 사랑과 이웃 사랑을 실천해가며 살아갑니다.

이 모두가 전부 예수 믿는 것에서 시작되고 예수 믿는 신앙으로 살다가 마침내 예수 믿는 그 신앙으로 죽음을 정복하고 천국에 들어갑니다. 이것이 신자의 일생입니다. 예수 믿는 신앙, 예수님을 그리스도로 믿는 신앙, 예수님을 하나님의 아들로 믿는 신앙, 예수님이 내 죄를 대신해 십자가에서 피 흘려 죽으셨다는 피 흘림의 사랑, 그리고 부활하셨다는 부활의 신앙보다 더 중요한 것이 없습니다.

- '이신칭의'는 교회의 서고 넘어짐을 결정한다.

그래서 종교개혁자 마르틴 루터는 이신칭의 교리, 오직 믿음으로 의롭게 된다는 교리를 교회의 서고 넘어짐을 결정하는 중요한 교리라고 말했습니다. 이것을 잃어버리면 교회는 무너진다는 것입니다. 오늘날 이 신앙을 무너뜨리고자 하는 현대 신학자들이 아주 많이 나와 있습니다.

저는 그것을 잘 알고 있는 데, 일부 우리 한국에 있는 신학자들이라든가 출판사가 그것을 모르고 이신칭의 교리를 파괴하고자 하는 그런 사람을 아주 높이 평가하고 있어서 걱정이 됩니다. 일부 개혁주의자들은 그를 기독교 기본진리를 파괴하려는 트로이 목마로 보고 있습니다. 그만큼 위험한 주장을 하고 있다는 말입니다.

종교개혁가들은 오직 믿음, 오직 그리스도, 오직 은혜를 주장하고 그 원리를 종교개혁의 기초원리로 삼았습니다. 저와 여러분 모두는 예수님이 그리스도시라는 진리, 예수님이 십자가에서 대속의 죽음을 당하시고 부활하셨다는 진리의 실재성에 대한 확신을 가져야 합니다. 이런 예수 그리스도의 복음의 진리의 실재성에 대한 확신이 구원의 신앙입니다.

● 전도폭발 훈련 시의 두 가지 질문

전도폭발 훈련이라는 전도 훈련 프로그램이 있습니다. 미국의 제임스 케네디 목사가 시작한 전도 훈련이 한때 세계적으로 유명해져서 시행되던 때가 있었습니다. 1980년대에는 한국 여러 교회에서 대단한 인기를 얻어 진행되었습니다. 저도 80년대 초에 이 훈련에 참가해서 수료한 적이 있습니다. 육사교회에 있을 때 많은 사람을 불러가지고 남선교회에서 시작을 했습니다. 이 전도 폭발 훈련은 아직도 지금 일부 한국 교회에서 시행되고 있는 것으로 알고 있습니다.

이 전도폭발 훈련 사역은 두 가지 중요한 질문을 핵심으로 해서 복음을 제시합니다.

첫 번째 질문은 "당신은 신앙생활을 하는 중에 오늘이라도 이 세상을 떠나면 천국에 갈 것을 확신하는 단계에 도달하였습니까?"라는 질문입니다.

두 번째 질문은 "당신이 이 세상을 떠나 하나님 앞에 섰는데, 하나님께서 당신에게 '내가 너를 나의 천국에 들어오게 해야 할 이유가 무엇이겠느냐?'라고 물으신다면 당신은 어떻게 대답하시겠습니까?"입니다.

이런 질문을 해본 전도자들은 대부분의 사람이 이 질문에 자신 있게 대답을 못한다는 것을 알고 있습니다. 특히 가톨릭 신자들의 경우에는 거의 대부분의 사람이 그들의 구원에 대한 확신이 없습니다. 후에 더 자세히 알아보겠지만, 가톨릭교회에서는 아예 신앙 확신에 관한 교리가 인정되지 않고 있기 때문입니다.

● 신앙의 확신은 교만이 아니다.

또 한편 이런 신앙에 대해서 어떤 사람들은 그런 확신에 대해서 말하는 것은 교만하다 그렇게 말하는 사람도 있습니다. 하나님의 주권에 속한 것을 인간이 나서서 확신유무를 따진다는 것입니다.

물론 어느 의미에서 이런 관점은 일리가 있습니다. 구원에 대한 우리의 확신이 우리 자신에 대한 확신에 근거하고 있다고 그러면 그것은 교만한 행위일 것입니다. 더욱이 우리가 하늘나라에 갈 자격이 있어서 하늘나라에 간다고 확신하고 있다면 말할 것도 없이 교만이 틀림없습니다. 그러나 확신의 근거가 하나님의 말씀과 그분의 신실함에 두고 있으며, 성령님의 내적 증거에 의지한다면, 신앙의 확신이 없는 것이 더욱 큰 문제가 될 것입니다.

● 구원 확신에 관한 네 종류의 사람

신앙의 확신 혹은 구원의 확신에 관하여 이 세상에는 기본적으로 네 종류의 사람이 있습니다.

첫째는 자기들이 구원받지 못했다는 사실을 알고 있는 구원받지 못한 사람들이 있습니다.

둘째는 자기들이 구원받았다는 사실을 알지 못하고 있는 구원받은 사람들도 있습니다.

셋째는 자기들이 구원받았다는 사실을 잘 알고 있을 뿐만 아니라 또 실제 구원받은 사람들입니다.

네 번째는 자기들이 구원받았다고 알고 있는 구원받지 못한 사람들이 있습니다.

여기서 마지막 네 번째 무리의 사람들은 매우 위험합니다. 구원받지 못했으면서도 구원받았다고 믿기 때문입니다. 오늘날 어떤 그리스도인들은 구원확신용 복음을 가지고 사는 자들이 있습니다. 예수님을 구주 그리스도로 믿고 영접하면 당연히 구원받는다는 구원확신의 교리를 교리로 알고 이해하고 사는 자들입니다. 공식처럼 그렇게 얘기하는 것입니다. 참되게 예수 그리스도를 인격적으로 만남이 없는 신앙의 사람들임에도 불구하고 그들은 성경 교리상으로 믿으면 의롭다 함을 받는다는 교리에 따라서 당연히 구원을 확신하며 주장을 합니다.

물론 우리는 한 개인이 과연 하나님의 선택을 받은 그리스도인으로서 구원을 얻은 신앙을 가졌는지 여부를 판단하기는 매우 어렵습니다. 인간으로서 다른 사람에 대한 우리의 관찰은 외부적 모습에만 제한되기 때문입니다. 우리는 그들의 마음을 들여다 볼 수가 없습니다.

그러므로 우리가 택함을 받고 구원받은 참된 신앙의 사람인가를 확실히 알 수 있는 사람은 바로 그 자신뿐입니다. 우리는 구원의 신앙에 관한 마지막 주제인 신앙과 확신에 관한 오늘의 메시지를 듣고 자기 자신을 시험하고 구원의 신앙의 확신을 굳게 가져야겠습니다.

- 신앙의 확신은 성장한다.

신앙의 확신은 성장을 합니다. 기존 신자는 자신의 신앙 확신이 더 크게 성장함으로 인해서 구원의 기쁨이 더 커지기를 바랍니다. 그러나 신앙 초기에 있는 그리스도인은 먼저 초기부터 확신을 가지는 것이 중요합니다. 이것이 성숙함을 향하여 나아가는 필수 과정이기 때문입니다.

그리스도 교회는 이런 사실을 자각하고 그리스도 안에 들어왔거나 그리스도 밖에 있거나 이 신앙 확신에 관한 진리를 때때로 가르침으로 그들의 확신을 성장시키고 도와주어야 할 것입니다. 우리는 먼저 개혁교회가 주장하는 신앙 확신의 교리를 개관하면서 시작을 하겠습니다.

2. 개혁교회와 신앙 확신의 교리

종교개혁자들은 로마가톨릭과 달리 신앙의 확신을 강조했습니다. 오직 예수 그리스도를 믿음으로 말미암아 의롭게 된다는 이신칭의의 교리는 개신교 신앙의 강조점이었습니다.

그러나 로마가톨릭은 이 교리를 반대할 뿐만 아니라 이 교리에 대항하도록 가르치고 있습니다. 만일 한 신자가 가톨릭교회에서 신앙의 확신 혹은 구원의 확신을 가지게 되면 그 신자는 이제는 신부를 의지할 필요도 없고 동정녀 마리아나 선지자들의 공적이 필요하지 않게 됩니다. 이것은 가톨릭교회 존립의 영향을 미치는 매우 중대한 것이기 때문에 구원확신 교리를 주장하는 자들에게는 그들의 공회에서 엄숙히 정죄하고 있습니다.

● 신앙의 확신은 개혁교회의 모토

반면에 개혁교회에서는 믿음으로 말미암아 의롭게 된다는 진리의 확신이야말로 구원의 영광이요 개혁교회의 모토이기도 한 것입니다. 이것은 종교개혁가 마르틴 루터의 위대한 발견이었습니다.

루터는 예수 그리스도를 믿음으로 말미암아 의롭다 함을 받는다는 교리를 분명히 알자마자 가톨릭교회의 오류와 또 신부만이 제사장직을 수행한다는 잘못을 간파하였습니다.

루터는 신부뿐만 아니라 모든 그리스도인이 오직 홀로 한 분 중보자 되신 예수 그리스도로 말미암아 모두 제사장이 된다는 진리를 발견하였습니다. 그는 디모데전서 2:5 의 말씀을 확신했습니다.

> 하나님은 한 분이시요 또 하나님과 사람 사이에 중보자도 한 분이시니 곧 사람이신 그리스도 예수라(딤전 2:5).

● 루터의 확신

그는 다음과 같이 말했습니다.

> 나는 교회에 노예로 매여 살지 않는다. 인간 제사장은 필요하지 않다. 나는 성례를 통해서 전달되는 은혜를 믿는 요술적인 믿음에 의하지 않는다. 나는 나의 위대한 대제사장 예수 그리스도로 말미암아 담대히 하나님께 나간다…나는 확신한다. 나는 하나님과 우리 주 예수 그리스도 은혜 안에 서 있는 자다. 우리가 이 위대하고 복된 진리를 붙잡을 때 우리는 이 영광스러운 구원의 확신으로 충만해질 것이다.

이것이 루터의 확신이었습니다.

● 가톨릭은 구원확신 반대

종교개혁자들은 가톨릭교회가 가르치는 구원의 확신 불가 교리를 불합리하고 유해하다며 반대했습니다.

가톨릭교회는 구원의 확신이 신앙의 본질에 속하지 않으며 동시에 신앙의 열매라는 사실도 부인했습니다. 다만 신자에게 특별계시로 확신이 주어지는 특별한 경우를 제외하고는 신자는 절대 자신의 구원을 확신할 수 없다고 가르칩니다. 이런 견해는 소위 반(半)펠라기우스주의의 소산입니다.

그래서 이러한 견해는 1618년 네덜란드에서 열린 도르트 회의에서 정죄되었습니다. 이 도르트 회의에서는 다섯 가지 칼빈주의 원리를 표방한 것으로 대단히 유명합니다(TULIP).

첫째, 인간의 전적인 타락(Total depravity)

둘째, 무조건적인 선택(Unconditional election)

셋째, 제한적 속죄(Limited atonement)

넷째, 불가항력적 은혜(Irresistible grace)

다섯째, 궁극적 구원, 곧 성도의 견인(Perseverance of Saints)

● 칼 바르트도 구원확신 부인

또 한편 오늘날 칼 바르트주의자들도 구원의 확신 교리를 가톨릭교회처럼 부인하고 있습니다. 칼 바르트는 구원의 확신을 가진다는 것의 가능성을 부인하고 논박을 했습니다. 바르트는 그것을 반대하는 발언을 노골적으로 한 사람이고 그에 대한 저술을 하기도 했습니다.

그의 견해는 성경적이기보다도 자기 철학을 주장하는 면이 많은 것입니다. 바르트는 근본적으로 개혁주의 성경관을 따르지 않으며 바울의 구원관과 구원의 자랑과 확신에서 떠난 사람이었습니다.

그런데 오늘날 상당수의 현대 신학자들은 이 개혁주의를 무시하고 바르트주의를 성경적으로 아는 어리석음에 빠져있습니다. 그리스도를 인격적으로 만난 확신이 결여되어 있기 때문에 그런다고 봅니다. 복음 진리의 실재성에 대한 확신이 없기 때문에 자기 철학적인 생각으로 그렇게 하는 것입니다. 그들 안에는 복음 진리를 아는 영적 감각이 없는 것입니다.

여러분이 예수님을 하나님의 아들 그리스도로 믿는 이 진리를 참되게 확신하게 될 때 여러분 안에는 변화가 생깁니다. 하나님의 말씀을 이해하고 따르는 감각이 생깁니다. 영적인 감각이 살아나는 것입니다. 성경을 하나님의 말씀으로 믿고, 하나님께서 살아계신다는 확신을 갖게 됩니다. 이것이 신자와 불신자의 차이인 것입니다. 그들 안에 이런 복음 진리를 아는 감각이 없기 때문에 자기들이 생각하는 철학적 논리로 신학을 전개하는 것입니다.

● 참된 신앙은 하나님과 예수 그리스도를 신뢰하는 것

우리는 개혁주의가 표방하는 신앙 확신의 교리가 절대적으로 진리 편에 섰다는 것을 굳게 믿습니다. 참된 신앙은 필연적으로 하나님과 그리스도를 신뢰하는 것을 내포하고 있으며, 이것은 비록 정도에 따라 다르지만 안전과 보증의 의식을 수반한 것입니다.

그러나 신앙에 내포되어 있는 확신은 반드시 의식적인 소유는 아닙니다. 왜냐하면 그리스도인이라고 해서 반드시 신앙의 충분한 생활에서 살고 있는 것이 아니며 따라서 계속해서 언제나 신앙의 부유한 생활을 하는 것이 아니기 때문입니다.

어떠한 때는 신앙이 좋아졌다가, 높아졌다가, 낮아졌다가 없는 것처럼 그럴 때도 있다 이 말입니다. 참된 신앙을 가진 자라도 가끔

회의와 불안으로 말미암아 동요를 받게 됩니다. 그러므로 성경은 확신을 기르도록 재촉을 하고 있는 것입니다. 이에 관해서 후에 자세히 언급하고자 합니다.

3. 신앙의 본질과 그 확신

신앙은 하나님과 그 아들 예수 그리스도에 대한 신뢰입니다. 구원 얻는 신앙이란 성령으로 말미암아 마음에 일으켜진 바 하나님의 아들 예수 그리스도 복음 진리에 대한 확신이며, 또한 그리스도 안에서 행하신 하나님의 약속에 대한 성실한 신뢰입니다.

그러므로 구원 얻는 신앙은 자신의 고유한 확신을 수반하게 되어 있습니다. 신앙이란 염려, 두려움, 의심, 근심과 상반되고, 참되신 하나님과 그 아들 예수 그리스도에 대한 무제한적 신뢰입니다. 신앙은 히브리서 11:1에 있는 바와 같이 바라는 것들의 실상이며 보이지 않는 것들의 증거입니다.

● 신앙은 본질상 확신을 포함한다.

 믿음은 본질상, 그리고 속성상 확신을 포함합니다. 그리스도 안에 있는 하나님의 객관적인 은혜와 신자가 이 은혜를 누리는 주관적인 교제와 관련되어 있는 이러한 확신은 처음부터 믿음에 포함되어 있는 것이고 나 자신의 신념에서 나오는 것이 아니라 예수 그리스도를 바라봄으로 은혜로 얻는 것입니다.

 이런 확신의 근거와 견고함은 우리가 가진 시시로 변하는 경험들이나 불완전한 선행이 아니라 하나님의 약속에 있습니다.

 신자에게는 살다보면 온갖 의심과 두려움이 분명히 반복적으로 다가옵니다. 신자는 인생 전체를 통해서 이것들과 싸워야 하지만, 신자가 이 싸움을 홀로 수행할 수 있는 것은 오직 신앙으로서만 가능한 것입니다.

 그리고 이 신앙은 하나님의 약속을 견고하게 붙들고 우리 주 그리스도께서 성취하신 십자가 구원 사역에 의지하는 것입니다. 그러므로 이 신앙은 본래 확신입니다.

 그리스도 안에는 여러 부류의 신자들이 있습니다. 이들 중 누구든지 참된 신앙으로 복음을 기꺼이 받아들인 자는 자신이 받아들이는 크기와 힘만큼 자기 자신의 구원에 대해서 동일하게 확신하며 그 반대도 마찬가지입니다. 참된 신앙과 구원의 확신은 매우 긴밀하게 연관되어 있어서 서로 주고받습니다.

그래서 신앙은 그 속성상 그리스도 안에 있는 하나님의 풍성한 은혜에 대한 마음의 무제한적 신뢰이며, 또한 무조건적 신뢰이고, 그렇게 지속될 것입니다.

신앙은 오늘날 본질적으로 구약시대와 신약시대 신앙과 여전히 동일합니다. 신약성경 로마서 4:18에서처럼 "바랄 수 없는 중에 바라는" 믿음이며, 히브리서 11:1처럼 바라는 것들에 대한 확고한 기초이자 보지 못하는 것들에 대한 단호한 확신입니다.

또한 마가복음 10:27처럼 하나님에게는 모든 것이 가능하다는 신뢰요, 로마서 4:17처럼 하나님께서는 죽은 자들을 살리시고 없는 것을 있는 것같이 부르시는 분이십니다.

● 개혁주의 신앙고백서들도 신앙 확신 강조

개혁주의 표준적 신앙고백서들은 신앙과 확신에 관한 견해에 있어서 표현상 차이가 있으나 대체로 신앙 확신이 신앙의 본질에 속하는 것으로 봅니다.

유명한 하이델베르크 요리문답은 로마가톨릭에 대항하여 신앙의 신뢰가 죄의 용서의 확신에서 기인한다고 분명히 가르칩니다. 이는 전적으로 종교개혁자들의 입장에 근거한 것으로, 구원의 확신을 신앙의 본질에 속하는 것으로 간주하고 있습니다.

또한 개혁주의 신조로 유명한 도르트 신조도 선택된 자의 확신은 어느 정도 신앙의 본질에 속하는 것으로 봅니다. 다만 이 신조는 육적인 의심과 종종 투쟁해야 하며, 따라서 항상 신앙의 확신을 감지할 수 있다는 것은 아니라는 것을 명백하게 말합니다.

한편 웨스트민스터 신앙고백은 신앙의 확신을 18장에서 독립해서 다루면서 강조하고 있습니다. 다만 신앙의 확신을 점차적으로 가질 수 있는 것이기에 신앙의 본질에 속하지는 않는다는 표현을 하고 있습니다. 그것은 신앙의 확신을 약화시키려는 것은 아닙니다. 왜냐하면 웨스트민스터 신앙고백서 제17장은 성도의 궁극적 구원에 이르는 견인을 신앙으로 고백하기 때문입니다.

● 신앙 확신을 절대적으로 지지한 칼빈

오늘날 일부 개혁파신학자들 중에서도 신앙 자체에 확신을 포함한다는 사실에 의문을 제기하는 자들도 없지 않아 있습니다. 그러나 종교개혁자 칼빈은 성경에 따라 이러한 신앙의 확신을 절대적으로 지지했습니다.

개혁주의 신학을 대표하는 카이퍼라든가 바빙크, 게르할더스 보스 및 벌코프 등은 진정한 신앙은 신뢰를 포함하고, 비록 정도에 있어서는 상이하지만 안전감을 수반한다고 주장하고 있습니다.

4. 신앙 확신을 가져야 할 이유

지금까지 신앙의 본질과 그 확신에 관한 말씀을 드렸습니다. 이제는 신앙 확신을 가져야 할 성경적 이유들을 열거 좀 하겠습니다. 신앙 확신의 교리는 앞서 말씀드린 대로 로마가톨릭이나 아르미안주의자들, 그리고 바르트주의자들은 부인하고 비방하는 교리입니다.

그러나 그것은 잘못입니다. 이 구원의 확신은 신자들로 하여금 거룩함을 더욱 추구하게 하고, 하나님과의 교제를 더욱 풍성하게 하며, 하나님께 영광돌리는 삶을 목표로 살게 하고, 영생을 이 세상에서 누릴 뿐만 아니라 그것을 증거하는 전도자로 살게 합니다.

성경은 이 구원의 확신에 관해서 수많은 곳에서 권고하며 강조하고 있습니다.

1) 베드로전서 1:9

성경은 이 구원의 확신에 관해서 수많은 곳에서 권고하며 강조하고 있습니다. 베드로전서 1:9절을 보면 이렇게 말씀합니다.

> 믿음의 결국 곧 영혼의 구원을 받음이라(벧전 1:9).

이 말씀은 장래가 아니라 현재에 대한 언급입니다. 사도 베드로는 현재를 말합니다. 지금 우리는 믿음의 결국, 곧 영혼의 구원을 얻고 있다는 것입니다. 복음을 받은 그리스도인들은 그날 그날 영혼의 구원을 성취하고 살아갑니다. 이 구원이란 이생으로부터 시작하는 것으로 결코 죽음으로 중단될 수 없으며, 영원으로 계속되는 하나의 영구한 사건입니다.

신자들은 거룩함과 경건한 마음, 그들의 사명과 하나님과의 교제, 하나님 나라의 기업의 획득, 그리고 성경의 증거를 얻음으로 구원을 이루며 나갑니다. 이렇게 신자의 영혼은 믿음으로서 구원받고 있는 것이며, 그것이 믿음의 궁극적인 목적이기 때문에 당연히 이 믿음의 확신을 가지고 영혼의 구원을 이루며 살아갑니다.

그렇기 때문에 베드로는 다음과 같이 선언하였습니다.

> 너희들이 예수를 보지 못했으나 사랑한다. 사랑할 뿐만 아니라 믿고 말할 수 없는 영광스런 즐거움으로 기뻐한다
> (벧전 1:8절).

2) 누가복음 10:20

두 번째로 누가복음 10:20에 보면 이렇게 말씀합니다.

> 귀신들이 너희에게 항복하는 것으로 기뻐하지 말고 너희 이름이 하늘에 기록된 것으로 기뻐하라(눅 10:20).

복음을 받은 신앙을 가진 신자들이 기뻐할 가장 큰 원인은 초자연적인 세력을 제어할 한 순간의 승리가 아니라 천국 시민으로 등록된 영원한 승리입니다. 예수 그리스도를 믿음으로 하나님의 자녀가 되고 천국 백성이 된 것은 기적을 행하는 권세보다 더 가치가 있고 기쁜 것입니다.

왜냐하면 우리는 유다와 같이 예수 그리스도 이름으로 귀신을 내어 쫓은 자들도 하나님의 자녀가 될 수 없음을 알기 때문입니다. 그러나 그의 이름이 하늘에 기록된 후에는 결코 천국에서 내쫓김을

당하지 않을 것입니다. 그들은 그리스도의 양이며 그리스도께서 그들을 위하여 죽으셨고 영원한 생명을 주셨기 때문입니다.

구원의 은혜는 영적인 은사보다 더 기뻐해야 합니다. 그래서 예수님을 그리스도로 믿는 신자는 구원을 확신하고 그 구원을 감격하며 기뻐하며 살아갑니다.

3) 고린도후서 13:5

세 번째 고린도후서 13:5을 보면 이렇게 말씀합니다.

> 너희는 믿음 안에 있는가 너희 자신을 시험하고 너희 자신을 확증하라 예수 그리스도께서 너희 안에 계신 줄을 너희가 스스로 알지 못하느냐 그렇지 않으면 너희는 버림 받은 자니라(고후 13:5).

모든 그리스도인들은 자신의 영적 상태를 살펴야 합니다. "너희는 믿음 안에 있는가 너희 자신을 시험하고 너희 자신을 확증하라" 그럽니다. 우리는 자신이 믿음에 있는가 자기 자신을 시험하고 자기 자신을 확증하기 위해서 구원의 확신이 필요합니다.

만일 이 문제에 우리가 속는다면 그것은 가장 위험한 것이 될 것입니다. 따라서 우리는 우리 자신의 신앙을 확신하는 일에 관심을 가져야 하고 그리스도께서 내 안에 내주하시는지를 알아야 합니다.

4) 누가복음 8:12

네 번째 누가복음 8:12을 보면 이렇게 말씀합니다.

> 길 가에 있다는 것은 말씀을 들은 자니 이에 마귀가 가서 그들이 믿어 구원을 얻지 못하게 하려고 말씀을 그 마음에서 빼앗는 것이요(눅 8:12).

마귀가 구원의 말씀을 그 마음에서 빼앗기 때문에 확신 있게 구원의 말씀을 붙들고 있어야 할 이유가 있습니다. 인간은 하나님의 말씀으로 지음 받은 존재입니다. 영적인 생명은 지혜의 도구인 하나님의 말씀으로부터 시작되었습니다. 인간이 그 말씀을 거역하고 떠났으므로 영적 생명에서 떠난 자가 되었습니다. 그러므로 인간은 그 말씀을 마음 중심에 다시 받아 믿고 지킬 때에 영적 생명을 얻는 자가 됩니다.

마귀는 이 진리를 잘 알기 때문에 인간의 마음에서 하나님의 말씀을 빼앗아감으로 그들이 믿고 구원받는 일이 없도록 만드는 것입니다. 그러므로 우리 그리스도인은 구원받는 진리의 말씀을 굳게 믿고 붙들고 확신할 이유가 있습니다.

5) 히브리서 2:1-3

다섯 번째 히브리서 2:1-3을 보면 이런 말씀이 있습니다.

> 그러므로 우리는 들은 것에 더욱 유념함으로 우리가 흘러 떠내려가지 않도록 함이 마땅하니라 천사들을 통하여 하신 말씀이 견고하게 되어 모든 범죄함과 순종하지 아니함이 공정한 보응을 받았거든 우리가 이같이 큰 구원을 등한히 여기면 어찌 그 보응을 피하리요 이 구원은 처음에 주로 말씀하신 바요 들은 자들이 우리에게 확증한 바니(히 2:1-3).

구원을 얻는 신자는 구원의 진리로부터 떠내려가지 않도록 하기 위해서 진리에 대한 확신이 필요합니다. 신자는 자신들이 들은 예수 그리스도의 복음 진리에 귀를 기울이는 것이 무한히 중요합니다. 그 진리에서 떠내려가서는 안 되기 때문입니다. 구원의 확신과 소망에 관하여 우리를 약하게 만드는 어떤 상황이나 강압이나 영향도 묵인해서는 안 됩니다.

구약시대 율법은 반드시 지켜져야 했고 그렇지 못하면 엄한 심판을 피할 수가 없었습니다. 하물며 하나님의 아들 예수 그리스도의 복음 진리는 얼마나 더 엄격하게 지켜야 되겠는가 하고 히브리서 2:1-3은 경고하는 것입니다. 그러므로 우리가 하나님의 아들 예수 그리스도를 통한 구원을 무시한다면 심판을 피할 길이 없을 것입니다. 우리는 구원 진리에 대한 확신을 가져야 하고 흔들려서는 안 됩니다.

6) 베드로전서 3:15

여섯 번째 베드로전서 3:15을 보면 이렇게 말씀합니다.

> 너희 마음에 그리스도를 주로 삼아 거룩하게 하고 너희 속에 있는 소망에 관한 이유를 묻는 자에게는 대답할 것을 항상 준비하되 온유와 두려움으로 하고(벧전 3:15).

소망을 확실히 알고 또 자기 속에 있는 소망에 관한 이유를 묻는 자에게 대답할 것을 항상 예비하기 위하여 구원을 확신할 이유가 있습니다. 모든 그리스도인은 자신 안에 있는 소망에 관한 답변과 변호를 해야 할 책임이 있습니다. 그리스도인들은 그들이 믿고 있는 예수 그리스도의 복음 진리에 대해서 대답할 준비가 되어 있어야 합니다.

만일 복음 전도의 기회가 와서 예수 그리스도와 하늘나라 소망을 전할 때에 확신이 없이 전도한다면 그것을 듣는 자가 전도를 받아들이겠습니까? 소망에 관한 이유를 묻는 자들에게 대답을 하는 자는 그 답변에 구원의 확신이 있지 않으면 준비가 되어 있지 않는 것입니다.

복음 전도자는 예수 그리스도를 변호하는 변호사가 아니라 그리스도의 증인입니다. 예수님이 하나님의 아들 그리스도시라는 진리의 실재성을 확신하고 그 확신된 진리를 말하는 자가 참된 전도자입니다.

7) 베드로후서 1:10

일곱 번째 베드로후서 1:10을 보면 이렇게 말씀합니다

> 그러므로 형제들아 더욱 힘써 너희 부르심과 택하심을 굳게 하라 너희가 이것을 행한즉 언제든지 실족하지 아니하리라(벧후 1:10).

구원의 확신은 그리스도인이 언제든지 실족치 않기 위해서 필요합니다. 베드로는 말합니다. "형제들아 더욱 힘써 너희 부르심과 택하심을 굳게 하라." 우리는 우리가 부르심과 선택받았다는 사실을 확인하라고 명령받고 있습니다. 그렇게 하려면 깊은 통찰력이 필요합니다.

베드로는 여기서 이러한 구원의 확신을 실족해서 벗어날 수 있는 자유와 연결시키고 있습니다. 그러므로 우리가 더욱 힘써 그분의 부르심과 택하심을 굳게 하도록 기도하고 진리의 말씀을 마음 중심에 새기고 그 말씀을 따라 살고 순종해야 할 것입니다.

8) 빌립보서 3:13-14

여덟 번째로 빌립보서 3:13-14도 보면 이렇게 말씀합니다.

> 형제들아 나는 아직 내가 잡은 줄로 여기지 아니하고 오직 한 일 즉 뒤에 있는 것은 잊어버리고 앞에 있는 것을 잡으려고 푯대를 향하여 그리스도 예수 안에서 하나님이 위에서 부르신 부름의 상을 위하여 달려가노라(빌 3:13-14).

신앙의 확신, 구원의 확신은 목표를 알고 부르신 소명에 헌신하기 위하여 필요합니다. 경주자가 그가 도달할 목표인 푯대를 바라보고 확신하지 못하면 경주에서 승리할 수가 없습니다. 신자의 푯대는 하늘에 있습니다. 거기서 하나님께서 그리스도 예수 안에서 부르시는 부름입니다. 이 푯대는 곧 상급입니다.

성도의 상급이란 그들이 받을 썩지 않는 영생이기도 합니다. 또한 선한 싸움을 싸우는 자에게 주실 면류관이기도 합니다. 만일 신자가 영생과 면류관을 확신하지 못한다면 부르신 소명에 헌신할 수 없습니다. 신자가 이 신앙의 확신을 가지면 가질수록 전진하는 신앙을 가지며 또한 고난과 죄악의 세력과 싸워 이길 수가 있습니다.

9) 요한일서 5:13, 요한복음 20:31

마지막으로 아홉 번째 요한일서 5:13과 요한복음 20:31 말씀입니다.

> 내가 하나님의 아들의 이름을 믿는 너희에게 이것을 쓰는 것은 너희로 하여금 너희에게 영생이 있음을 알게 하려 함이라(요일 5:13).

> 오직 이것을 기록함은 너희로 예수께서 하나님의 아들 그리스도이심을 믿게 하려 함이요 또 너희로 믿고 그 이름을 힘입어 생명을 얻게 하려 함이니라(요 20:31).

이 말씀들을 보면 하나님께서 구원의 확신을 알기 원하시기 때문에 우리는 구원의 확신이 반드시 필요한 것입니다.

5. 신앙 확신의 근거

참된 신앙의 확신은 먼저 우리 구원에 대한 하나님의 약속의 말씀에 근거합니다. 우리의 확신은 무엇보다도 이러한 약속을 주신 하나님에 대한 신뢰로부터 나옵니다. 그 다음에는 우리 구원에 대한 확신이 성령님의 내적 증거를 통해서 옵니다. 그리고 하나님과 우리 주 예수 그리스도의 은혜에 대한 우리 자신의 회심을 통한 변화된 외적 증거를 통해서도 신앙의 확신을 가질 수 있습니다. 먼저 하나님의 말씀을 통한 근거를 보고자 합니다.

1) 하나님의 말씀(요일 5:9-13; 요 5:24; 요 20:31; 요 10:27-29)

신앙의 확신은 하나님의 말씀의 권위에 근거합니다. 우리는 대표적인 말씀인 요한일서 5:13의 말씀을 먼저 보고자 합니다.

> 내가 하나님의 아들의 이름을 믿는 너희에게 이것을 쓰는 것은 너희로 하여금 너희에게 영생이 있음을 알게 하려 함이라(요일 5:13).

이 말씀은 신자들이 신앙 확신을 얻을 수 있다는 확신을 제공해 줍니다. 이 사실을 요한일서는 전체에 걸쳐서 확증해줍니다. 이 요한일서 5:13은 요한일서 전체의 결론이며 요지인 것입니다. 요한이 이 서신서를 쓰는 이유는 성도들로 하여금 영생이 있음을 알게 하려 함입니다.

또 사도 요한은 예수님이 하나님의 아들 그리스도이심을 믿고 영생을 얻고 확신하게 하기 위해서 복음서도 썼습니다.

> 오직 이것을 기록함은 너희로 예수께서 하나님의 아들 그리스도이심을 믿게 하려 함이요 또 너희로 믿고 그 이름을 힘입어 생명을 얻게 하려 함이니라(요 20:31).

사도 요한은 요한복음 전체에 걸쳐서 예수님이 하나님의 아들 그리스도시라는 모든 특성 및 증거 자료를 제시하려고 노력을 했습니다. 마찬가지로 사도 요한은 요한일서를 통해서도 신자들이 그들이 영생을 가지고 있다는 사실을 어떻게 아는지를 가르치려고 하였습니다.

또 사도 요한은 요한복음 5:24에서 그리고 요한복음 6:47에서도 이 신앙의 확신을 분명하게 표현하고 있습니다. 요한복음이라든가 요한일서를 통해서 신자들에게 영생이 주어진다는 사실을 입증할 뿐만 아니라 자신들이 그런 사실을 확신하고 기뻐해야 한다는 사실도 강조합니다. 요한일서 5:13에서 사도 요한은 구원의 확신이 요한일서의 저술의 목적이라는 취지에 부합되도록 요한일서 서두에서도 이 취지를 다음과 같이 연결시켰습니다.

> 우리가 이것을 씀은 우리의 기쁨이 충만하게 하려 함이라 (요일 1:4).

우리가 아는 바와 같이 기쁨은 오직 우리가 알고 확신하는 데서 나옵니다. 우리가 그 유익을 알지 못한다고 그러면 그 행복을 즐거워할 수가 없습니다.

다른 말로 말하면 신자들에게 가능한 만큼 충만한 즐거움을 누릴 수 있는 것은 오직 그 유익을 알고 있을 경우뿐입니다. 충만한 즐거움은 오직 최고선의 소유, 즉 영생을 소유하고 확신하는 데서만 나옵니다. 사람들이 만일 그 행복이 자신의 소유라는 사실을 모른다면 그 행복은 결코 그렇게 클 수가 없고 그냥 그런 수준에 머물 것입니다.

그러므로 우리 구원의 참된 확신은 하나님의 약속에 근거합니다. 우리의 확신은 무엇보다도 이러한 약속을 주신 하나님께 대한 신뢰로부터 나오는 것입니다.

2) 성령의 내적 증거(롬 8:16, 롬 8:23, 갈 4:6 ; 고후 1:22)

두 번째 성령의 내적 증거가 있습니다. 성령은 우리 안에서 우리가 하나님의 자녀인 것을 증거합니다. 우리의 신앙에 대한 확신은 우리 자신의 믿음에 대한 성령의 내적 증거를 통해서 주관적으로 확신하게 됩니다. 로마서에서 다음과 같이 말씀합니다.

> 성령이 친히 우리의 영과 더불어 우리가 하나님의 자녀인 것을 증언하시나니(롬 8:16).

세상 사람들은 스스로 평화를 말하지만 하늘의 하나님께서는 그것에 대해서 말씀하지 않습니다. 그러나 예수님을 그리스도로 믿고 거듭난 자들은 그들의 영과 더불어 성령님께서 증언하고 계십니다. 이것은 어떤 특별한 계시를 통해 주시는 것이 아니라 성령을 받은 모든 사람은 일반 성령님의 사역을 통해서, 위로의 수단으로서, 영혼의 평안과 기쁨을 맛보며 살게 하는 것입니다. 이것이 참된 신앙을 갖는 자들이 누리는 최상의 축복입니다.

- 성령님은 예수님 초림과 재림 사이에 사는 성도들에게 주시는 하나님의 최고의 선물이다.

성령님은 예수님의 초림과 재림 사이에 살아가는 성도들에게 주시는 하나님의 최고의 축복의 선물입니다. 성령님을 모시고 사는 자는 성령님의 은혜와 은사를 맛보며 살도록 되어 있습니다. 성령님의 은혜와 은사는 하나님 나라의 독특한 축복이며 새 시대가 밝았다는 두드러진 표시입니다.

또한 성령의 내주하심은 우리가 믿는 하나님 나라의 유업의 시작일 뿐이기 때문에, 그것은 나머지도 언젠가 우리의 것이 되리라는 보증입니다.

여러분은 성령님을 맛보면서 하나님 나라의 보증을 갖고 산다 이 말입니다. 지금 이것을 맛보지 못하고 산다면 나중에 그 나라에 가가지고 어떻게 맛보겠습니까? 그 나라에 가서는 지금 맛보는 것과 똑같은 것을 더욱 완전하게 맛보며 살 것인데 말입니다.

● 성령의 맛 세 가지 비유

신약성경은 이것을 설명하기 위해 세 가지 비유를 사용합니다.

첫째, 성령님은 완전한 추수가 이루어질 것이라는 약속에 대한 처음 익은 열매라고 합니다. 로마서 8:23에서 다음과 같이 말씀합니다.

> 성령의 처음 익은 열매를 받은 우리까지도 속으로 탄식하여 양자 될 것 곧 우리 몸의 속량을 기다리느니라(롬 8:23).

또한 성령님은 완전한 지불이 이루어지리라는 것을 약속에 대한 보증 또는 첫 회 불입금입니다. 고린도후서 1:22에서 다음과 같이 말씀합니다.

> 또한 우리에게 인치시고 보증으로 우리 마음에 성령을 주셨느니라(고후 1:22).

여러분이 물건을 살 때 돈이 없을 때 일시불로 못 사고 불입금을 넣어가면서 삽니다. 그러면 불입금을 다 넣어야 자기 것이 되지만 불입금을 일단 처음 넣기 시작하면, 그것이 내 것이 될 것이다 하는 희망을 가지고 사는 것입니다. 성령님께서 그러신 것입니다.

또한 성령님은 언젠가 완전한 축제를 즐길 수 있으리라는 것을 약속해주는 맛보기입니다. 로마서 8:23이 다시 그 말씀을 얘기합니다. "처음 익은 열매를 받은 우리도"라고 말합니다.

이렇게 성령님은 우리 안에 내주하셔서 우리가 하나님의 자녀인 것을 증거할 뿐만 아니라 내주하여서 우리가 자각하며 살 수 있는 내적이며 주관적인 증거, 곧 처음 익은 열매로서 그 은혜와 은사를 맛보며 살게 합니다.

- 성령의 맛은 하나님 나라의 맛이다.

그리하여 저는 이 사실을 잘 알고 있기 때문에 하나님 나라, 그리스도의 왕국이 내 심령 속에 이루어지고 있다는 것을 알고 맛보며 삽니다. 이 성령님을 맛 보며 살기 때문에 저는 다른 것에 별로 관심이 없습니다.

하나님 나라의 맛을 맛보고 산다는 것, 이것이 성령의 맛인데, 이 신령한 은혜와 은사의 맛이라는 것은 다른 것과 비교할 수 없는 것입니다. 이것이 진짜 맛입니다. 세상 사람들은 이 진짜 맛을 못

보기 때문에 언제든지 갈증을 느낍니다.

여러분, 세상에서 갈증 안 나는 것이 어디 있습니까? 천하를 다 가져도 갈증은 있습니다. 처음엔 대단한 것 같지만 두 번째 세 번째 전부 효용감소의 원칙에 의해서 나중에 보기도 싫어져버립니다. 그래서 성령님으로 이 신령한 맛을 보는데 그 신령한 맛은 하나님 나라입니다.

여러분이 로마서 14:17말씀을 압니다.

> 하나님의 나라는 먹는 것과 마시는 것이 아니요 오직 성령 안에 있는 의와 평강과 희락이라(롬 14:17).

성령 안에 있는 의와 평강과 희락의 기쁨은 하나님 나라의 축복입니다. 신자는 예수님을 하나님의 아들 그리스도로 참되게 믿고 십자가에 못 박힌 그리스도를 통해서 죄 사함 받고 성령의 내주 역사를 받을 때 그 심령 속에 참된 하나님의 평강과 하나님 나라의 희락을 맛보며 살게 됩니다. 이 세상에 이러한 축복보다 더 귀한 것이 없습니다.

이러한 성령의 맛보기는 언제나 새로운 것이며 언제나 신자에게 활력을 부어주어 일어서게 하며 강제로나 억지로가 아니라 자원하며 세상에 기쁨으로 나가서 하나님 사랑과 이웃 사랑의 증인으로 살게 합니다.

성령님의 내적 증거야말로 신앙 확신의 중요한 근거입니다. 이 증거는 하나님의 말씀에 대한 확신에서 오는 주관적인 확신의 근거입니다. 신자가 예수 그리스도 이름으로 기도하여 성령의 충만을 받고 더 충만을 구해서 받을 때 신앙 확신의 최고의 확신의 근거가 됩니다. 그러므로 여러분이 이런 것을 맛보며 살아야 가장 확실한 신앙 확신의 근거를 체험하며 사는 자가 될 것입니다.

3) 변화된 삶의 외적 증거(고후 5:17, 요일 3:2-14, 살전 1:8-9; 요일 4:16-18, 3:11-22, 5:14-15)

세 번째 변화된 삶의 외적인 증거가 우리가 신앙 확신의 근거가 될 수 있습니다. 예수님을 하나님의 아들 그리스도로 믿는 신앙 확신의 보편적인 증거의 하나는 우리 자신의 변화된 삶입니다.

삶의 사고방식이나 습관 혹은 전반적인 생활에 걸쳐서 변화가 있게 됩니다. 고린도후서 5:17에서 다음과 같이 말씀합니다.

그런즉 누구든지 그리스도 안에 있으면 새로운 피조물이라

이전 것은 지나갔으니 보라 새 것이 되었도다(고후 5:17).

- 그리스도인은 새로운 피조물이다.

이 말씀에 의하면 만일 어떤 사람이 진실로 예수님을 하나님의 아들 그리스도로 믿어 그리스도인이 되고 스스로도 그것을 인정한다면 그 사람은 새로운 피조물이고 또 그렇게 되어야 한다는 것입니다. 자신이 새로운 피조물이라는 것은 기독교 신앙으로 고백하는 사람들의 진정한 관심사가 되어야 됩니다.

복음을 참되게 받은 그리스도인들은 그리스도인이라는 새 이름을 갖게 됩니다. 여러분은 새로운 이름을 가진 자입니다. 뿐만 아니라 새 옷을 입을 것이고 새 마음과 새 본성을 갖게 됩니다. 하나님의 은혜가 영혼 속에서 일으키는 변화가 너무 크기 때문에 이전 것, 예컨대 옛날 생각이라든가 옛 삶의 원리라든가 옛 습관들은 지나갔으며 새것이 되었도다고 선언하는 것입니다.

- 중생의 은혜는 영혼 속에 새로운 세계를 창조한다.

신자를 거듭나게 하는 은혜는 영혼 속에 새로운 세계를 창조합니다. 모든 것이 신자에게는 새로운 것입니다. 중생하는 영혼은 새 원리에 따라, 새로운 법에 따라, 새 목적에 따라, 그리고 새로운 관계에 따라 활동하는 것입니다.

인간은 본인이 지금 하나님의 자녀라는 확신이 크면 클수록 천국에서 어떤 모습이 될지에 대한 참된 소망도 그만큼 더 커집니다.

> 사랑하는 자들아 우리가 지금은 하나님의 자녀라 장래에 어떻게 될지는 아직 나타나지 아니하였으나 그가 나타나시면 우리가 그와 같을 줄을 아는 것은 그의 참모습 그대로 볼 것이기 때문이니 주를 향하여 이 소망을 가진 자마다 그의 깨끗하심과 같이 자기를 깨끗하게 하느니라(요일 3:2-3).

사람은 그 품은 소망이 참될수록 그만큼 순수하고 진실해질 것입니다. 깨끗해질 것입니다. 그리스도께서 순수하고 깨끗하기 때문입니다. 속된 사람들은 신앙 확신의 교리가 사람들로 하여금 안심하고 더욱 담대하게 죄를 짓도록 만든다고 비방을 합니다.

사람들이 천국에 들어갈 것을 확신하면 그 확신으로 인해 제멋대로 살아갈 수 있기 때문이라는 것입니다. 그러나 그렇지 않습니다. 신앙 확신의 교리는 이와 정반대의 결과를 낳습니다. 사람으로 하여금 자신을 깨끗하게 만듭니다.

본문 요한일서 3:3절에 보면 다음과 같이 분명하게 말씀합니다.

> 주를 향하여 이 소망을 가진 자마다 그의 깨끗하심과 같이 자기를 깨끗하게 하느니라(요일 3:3).

● 신앙의 확신은 거룩함을 추구한다.

죄를 막고 거룩하게 사는 데 신앙의 확신보다 더 큰 수단이 없습니다. 죄의 반대가 신앙입니다. 예수님을 그리스도로 믿는 참된 신앙이 있으면 죄는 눈 녹듯 사라집니다. 여러분이 죄를 없애려고 막 노력을 해도 안 없어집니다. 생각이 안 없어진다 이 말입니다.

성령님께서 임하시면, 참된 신앙을 가지면, 성령이 임하시게 되어 있는데, 이 거룩한 성령님의 임재 속에 사는 자는 죄가 눈 녹듯 사라지고 거룩한 열매를 맺게 되어 있습니다. 왜냐하면 성령님이 거룩하신 분이기 때문에 그렇습니다.

신자의 삶과 생각을 통하여 드러나는 경건한 생활과 거룩이야 말로 구원에 이르게 하는 하나님을 아는 참된 지식을 가진 확실한 증거입니다. 신자가 예수님을 그리스도로 모셔서 그 안에 성령을 통해서 삼위일체 하나님께서 우리 안에 거하신다고 그러면 거룩한 열매를 맺게 되어 있습니다.

　죄를 싫어하고 주님을 닮기 원한다 이 말입니다. 여러분이 경건하고 거룩한 행실을 갖고자 한다면, 이런 사람은 확실히 회심했다는 증거입니다. 그리스도인의 삶에서 드러난 거룩은 구원 얻는 믿음을 가지고 하나님께서 계시하신 모든 진리를 믿고 확신한다는 증거인 것입니다.

● 신앙의 확신은 하나님을 향한 우리의 사랑을 완성한다.

　또한 신앙의 확신, 구원의 확신은 하나님을 향한 우리의 사랑을 완성하기도 합니다. 요한일서 4:17을 보면 "이로써 사랑이 우리에게 온전히 이루어진 것은"이라고 하는데 이 말씀은 요한일서 4:16에서 말씀한 "하나님이 우리를 사랑하시는 사랑을 우리가 알고 믿었다"는 사실에 의해서 구합니다. 그래서 17절에 "사랑이 우리에게 온전히 이루어진 것"이라고 말씀하는 것입니다.

　우리는 우리가 원수라고 하는 자들을 진심으로 사랑하기가 어렵습니다. 또 우리의 친구도 아닌 사람을 완벽하게 사랑할 수가 없습니다. 그러므로 충만한 즐거움도 완벽한 사랑도 오직 하나님의 사랑에 대한 확신에서만 나옵니다.

인간은 처음에는 하나님과 화목하고자 먼저 하나님을 사랑할 수 있습니다. 그러나 참된 십자가, 하나님의 사랑을 확신하게 되면, 그 사랑이 자기 마음속에 부어진 바 되고, 그 엄청난 사랑 때문에 자기 사랑은 커지고 완전해져 갑니다.

여러분이 인간적으로 갖고 있는 사랑은 그것은 주먹만 한 것도 못 됩니다. 이것은 타산적인 사랑입니다. 그러나 비타산적인 어마어마한 하나님의 사랑을 여러분이 체험하고 여러분이 받고 있고 가지고 있다면 여러분은 달라집니다. 여러분이 하나님의 사랑을 받았다면 그 사랑은 사라지는 것이 아니라 여러분 안에 잔존합니다.

- 하나님의 사랑, 십자가 사랑은 우리 안에 잔존한다.

그러므로 하나님의 사랑이 여러분 안에 잔존하기 때문에 그 위대한 하나님의 사랑에서 오는 그 사랑은 여러분을 완전한 사람으로 만든다 이 말입니다. 그래서 이 사랑을 가지고 모든 두려움을 극복하면서 세상을 살아가는 것입니다. 요한일서 4:18에서 다음과 같이 말씀합니다.

> 사랑 안에 두려움이 없고 온전한 사랑이 두려움을 내쫓는
> 다(요일 4:18).

● 신앙 확신은 기도응답에 대한 확신을 갖게 한다.

또 신앙의 확신은 기도응답에 대한 확신도 갖고 살게 합니다. 요한일서 3:19-22이라든가 요한일서 5:14-15에서 이에 대해 말씀합니다.

> 우리가 무엇이든지 구하는 바를 들으시는 줄을 안즉 우리
> 가 그에게 구한 그것을 얻은 줄을 아느니라(요일 5:14-15).

그래서 하나님께서는 우리가 구원을 확신하고 있을 때 우리 하나님께서 다 그것을 알 뿐만 아니라 그런 사실로 인해서 우리에게 기도하는 용기를 또한 주시는 것입니다.

● 신앙 확신은 믿음을 더욱 완전하게 한다.

신자가 신앙의 확신을 갖게 될 때 믿음도 더욱 완전한 것으로 만들어줍니다. 확신이 오면 믿음의 부족한 것을 채워줍니다. 그래서

앞서 우리가 보았던 요한일서 5:13 말씀에서 이렇게 말씀했던 것입니다.

> 내가 하나님의 아들의 이름을 믿는 너희에게 이것을 쓰는 것은 너희로 하여금 너희에게 영생이 있음을 알게 하려 함이라(요일 5:13).

확신이 오면 믿음이 커집니다. 신앙의 확신은 믿음의 단계를 새롭게 합니다. 확신이 오기 전에는 믿음에 결핍된 것이 있습니다. 그러므로 히브리서 10:22은 다음과 같이 말씀합니다.

> 온전한 믿음으로 하나님께 나아가자(히 10:22).

● 믿음에서 믿음으로

신앙의 확신을 가진 자의 삶은 믿음에 굳게 서서 오직 믿음으로 사는 것입니다. 믿음에서 믿음으로 살아가는 것입니다. 오늘날 한국 교회와 세계 교회가 믿음에서 믿음으로 살아가지 않고 믿음에서 행함으로 살아가고 있습니다. 이것이 문제입니다. 그래서 16세기 종교개혁의 기치를 다시 세워야 하는 것입니다.

믿음에서 믿음으로 살아가는 것은, 다시 말하면 오직 믿음으로 사는 것입니다. 신앙생활의 시작도 믿음으로 과정도 믿음으로 마지막도 믿음으로, 믿음에서 믿음으로 살아가는 것입니다. 이렇게 확신을 가져야 됩니다.

● 변화된 삶의 사고방식과 습관의 특징 다섯 가지

이런 신앙의 확신을 가진 자의 삶의 변화에 대한 사고방식과 습관의 특징을 더 구체적으로 이제 요약을 하면, 대체적으로 다음과 같이 다섯 가지로 정리해볼 수가 있습니다.

첫째, 성경이 소중하게 생각되고 탐구해보고 싶어지는 마음이 생기고 하나님 말씀에 대해서 갈급함을 느낍니다.

둘째, 우리의 인생관, 사람들에 대한 태도, 관계의 변화 등을 옛날과 다른 새로운 관점에서 보게 됩니다. 복음을 받은 여러분의 인생관은 달라져 버렸습니다. 삶에 대한 태도가 달라져 버렸습니다. 옛날에는 '눈에는 눈, 이에는 이' 그랬는데 요즘은 '악을 선으로 갚는' 사람이 된다 이 말입니다.

셋째, 그리스도 안의 형제자매들을 사랑하게 됩니다. 예수 믿는다고 그러면 "그래요!" 관심과 사랑이 느껴진다 이 말입니다. 비록 외국에 있는 그리스도인들이라도 그들을 핍박하고 불태워버린다 그러면 마음이 아프다 이 말입니다. 얼마 전에 보니까 인도 힌두교인들이 20개 교회를 불태워버렸다고 그러니까 그걸 들으면 마음이 아프잖습니까. '그것과 내가 무슨 상관이 있어!' 그러면 그리스도 안에서 한 지체가 아닙니다.

넷째, 다른 사람들과 그리스도에 대하여 나누기를 원하게 됩니다. 곧 전도하고 싶다 이 말입니다.

다섯째, 경건한 삶을 살기를 원하게 됩니다. 순결해지기를 원하며 죄로부터 해방되기를 원하고 또 거룩한 삶을 살고자 하는 태도를 갖게 됩니다.

이렇게 참된 회개와 구원은 언제든지 그리스도인의 삶에서 생활 방식의 변화나 인생관 및 세계관의 변화로 나타납니다.

6. 신앙 확신의 성장 및 상실

1) 신앙 확신의 성장

여섯 번째로 신앙 확신의 성장 및 상실에 관해서 알아보겠습니다. 신앙 확신은 증가될 수도 있고 점점 줄어들 수도 있습니다. 그러나 그리스도인에게 신앙 확신은 필수적인 것이기 때문에 신자는 신앙 확신의 성장을 위해 노력하고 분투하며 믿음의 선한 싸움을 싸워야 합니다.

신앙 확신의 성장에는 주관적인 확신의 성장과 객관적 확신의 성장의 두 측면이 있습니다. 우리는 믿음의 두 요소인 믿음의 객관성과 주관성을 통한 성장으로 살펴보고자 합니다.

(1) 믿음의 객관성과 성장(벧후 3:18)

첫 번째 믿음의 객관성과 성장입니다. 우리의 믿음이 성장하고 확신이 깊어지는 것은 먼저 믿음의 대상이신 예수 그리스도와 하나님을 점점 더 확실히 알아갈 때입니다. 사도 베드로는 그의 서신에서 다음과 같이 말했습니다.

> 오직 우리 주 곧 구주 예수 그리스도의 은혜와 그를 아는 지식에서 자라 가라(벧후 3:18).

신앙 확신의 근거가 하나님의 말씀이기 때문에 하나님을 아는 지식, 예수 그리스도를 아는 지식에서 자라갈 때에 그 확신은 성장하게 되어 있습니다. 한 개인이 하나님의 아들 예수 그리스도에 대한 지식이 자라가지 않는 한 결코 그의 신앙 확신은 성장할 수가 없습니다.

● 허드슨 테일러의 신앙

유명한 중국 선교사였던 허드슨 테일러는 하나님을 크게 믿는 것보다 하나님을 크신 분으로 알고 믿는 것이 중요하다 그렇게 말했습니다. 저도 30년 이상 성경을 읽고 연구하고 설교하다 보니까 신앙 확신이 매년 성장했습니다. 왜 성장했느냐? 하나님의 말씀을 알고 깨달아가고 그리스도를 아는 지식에 자라갔기 때문에 그렇습니다.

(2) 믿음의 주관성과 성장 (마 14:25-32)

예수 그리스도께서 어떤 분이신지 알았으면 거기에서 그치는 것이 아니라 그러한 예수 그리스도를 신뢰하고 삶을 의지할 때 우리의 믿음이 성장하고 확신이 증대됩니다. 만약 예수 그리스도를 안다는 것이 머리 지식으로만 끝나고 개인의 삶과 행동에 영향을 주지 않는다고 그러면 결코 믿음의 성장과 확신은 자라지 않을 것입니다.

마태복음 14:25-32에 보면 예수님께서는 베드로에게 자신이 물 위를 걸을 수 있고, 명령만 내리면 그를 물 위로 걷게 할 수도 있는 분임을 보여주셨습니다. 처음에 베드로는 예수님께서 그런 분임을 믿고 신뢰하면서 행동으로 옮겼습니다.

그러나 바람 때문에 주관적인 신뢰가 흔들려서 물에 빠지게 되었습니다. 베드로를 구해주신 예수님께서는 "믿음이 적은 자라" 그렇게 책망하셨습니다. 즉 예수님께서 어떠한 분이시라는 것을 알았지만, 또 그 물 위로 걸을 수 있는 약속 같은 것도 주셨지만, 그는 그것을 의심했기 때문에 믿음이 적다는 말을 들었습니다.

이처럼 베드로의 믿음은 객관적인 면과 주관적인 면에서 점점 자라나게 되었습니다. 이 두 가지 면은 명확하게 구별되는 것은 아니며, 서로 긴밀한 연관을 맺고 신자의 신앙을 성장시키며 신앙 확신을 자라가게 합니다.

그러나 신앙 성장과 신앙 확신의 궁극적인 근거는 하나님의 말씀이기 때문에 하나님의 말씀을 배우고 그 말씀을 지키며 살아야 합니다. 그럴 때 신앙과 확신은 성장해가고 깊어가는 것입니다.

2) 신앙 확신의 상실(고전 9:27, 히 6:4-6)

두 번째로 신앙 확신의 상실에 관해서 알아보겠습니다. 신앙의 확신은 증가될 수도 있고 줄어들 수도 있지만, 때로 얼마동안 신앙을 상실할 수도 있습니다.

● 죄에 빠질 때

우리의 신앙 확신을 빼앗아가는 것들이 많이 있습니다. 항상 지속되어야 할 확신에 대한 가장 큰 위험은 심각하고 무서운 죄에 빠지는 것입니다. 우리는 우리의 모든 죄를 도말해주는 십자가 대속의 사랑을 알고 있습니다. 그러나 우리가 구체적인 죄 가운데 빠질 때 우리가 갖고 있는 확신은 심하게 흔들릴 수가 있습니다.

우리가 잘 아는 구약시대 이스라엘의 왕 다윗은 간음죄로 말미암아 하나님 앞에서 두려워 떨었습니다. 시편 51편에 나오는 그의 고백의 기도를 읽어보면 구원의 확신을 얻기 위하여 몸부림치고 있는 한 사람의 울부짖음을 들을 수 있습니다. 또 신약시대에 베드로가 그리스도를 부인하고 저주한 후 그리스도와 눈이 마주쳤을 때 그의 신앙 확신의 상태는 어떠했겠습니까?

● 성도들의 영혼의 어두운 밤

우리는 때로 마치 하나님께서 그 얼굴의 빛을 우리들로부터 아주 거두어 가신 것처럼 생각되는 영적 암흑기를 체험할 수도 있습니다. 성도들은 이것을 영혼의 어두운 밤이라고 불렀습니다. 마치 하나님께서 자기를 포기하신 것처럼 느껴질 때가 있다는 것입니다. 우리는 하나님께서 더 이상 우리 기도를 들으시지 않으신다고 생각되는 때가 종종 있는 것입니다.

이때 우리는 하나님의 임재의 기쁨을 느끼지 못합니다. 이러한 때에 우리의 확신은 상실될 위기에 직면합니다. 그러나 우리는 온 힘을 다해서 하나님의 약속의 말씀을 굳게 의지해 기도하고 복음 전도에 더욱 매진해 나가야 할 것입니다.

참된 신앙과 확신은 우리의 주관적인 감정에 의존하는 것이 아니라 하나님의 약속의 말씀에 의존하는 것인 만큼 환란과 시련의 때에 위축되지 말고 더욱 십자가에 못 박힌 그리스도만을 바라보고 의지하고 기도하고 순종해야 합니다. 이러한 신앙의 위기는 후에 신앙의 성장과 확신의 강화를 가져오는 축복의 기회가 되는 것이 보통입니다.

- 신자는 구원의 신앙을 상실할 수 있는가? 그럴 수 없다.

한편 신자는 신앙의 확신을 잃을 뿐만 아니라 최악의 경우 구원의 신앙을 상실할 수도 있는가? 이것은 앞에 말씀드린 개혁주의 신학 교리와 가톨릭 신학의 차이를 설명하는 가운데 간단히 언급한 바가 있었습니다.

로마가톨릭교회는 칭의의 은혜가 사실상 상실될 수 있다고 주장했습니다. 그들은 신자가 치명적인 죄를 범할 때에 그 영혼 속에 구원의 은혜가 파괴된다고 합니다. 물론 개혁주의적 신앙은 가톨릭처럼 치명적인 죄를 믿지 않습니다. 개혁주의의 견해는 성도들의 견인을 믿습니다. 일단 그리스도 안에 들어오면 항상 은혜 안에 있다고 믿는 것입니다. 한 번 구원은 영원한 구원이라는 것입니다.

우리는 진정한 그리스도인들도 타락할 수 있다고 믿습니다. 그러나 궁극적으로 타락할 수 있다고는 믿지 않는 것입니다. 끝까지 회복되지 못하고 타락한 자들은 처음부터 애당초 그리스도 안에 들어오지 못한 자들인 것입니다.

그러나 성경은 구원에서 떨어져 나가는 데 대한 경고가 많이 있습니다. 고린도전서 9:27이라든가 디모데후서 2:17-18이라든가 히브리서 6장 등에 그런 경고가 많습니다. 특별히 히브리서 6장은 성도의 견인 교리에 관해서 논쟁이 많은 구절입니다.

히브리서 6:4-6에 보면 다음과 같이 말씀합니다.

> 한 번 빛을 받고 하늘의 은사를 맛보고 성령에 참여한 바 되고 하나님의 선한 말씀과 내세의 능력을 맛보고도 타락한 자들은 다시 새롭게 하여 회개하게 할 수 없나니 이는 그들이 하나님의 아들을 다시 십자가에 못 박아 드러내 놓고 욕되게 함이라(히 6:4-6).

이에 관한 개혁주의자들의 해석은 다양하지만 히브리서 6장 전체에 걸친 맥락에서 해석해 볼 때 이 말씀은 구원받은 자들에게 대한 경고의 말씀으로 보는 것이 타당합니다. 구원 얻었다가 잃어버릴 수 있다는 그런 말이 아니라 경고의 말씀이다 그 말입니다. 왜 그렇습니까? 성도의 견인은 은혜이면서 동시에 의무이기 때문이기도 합니다. 하나님께서 한 번 우리를 구원해주셨으면 영원히 우리를 구원해주신다 이 말입니다.

● 성도의 견인은 은혜이면서 의무

그러면 우리는 아무렇게 살아도 되느냐? 천만의 말씀, 그렇지 않다는 것입니다. 이 성도의 견인 교리를 악용하면 안 됩니다. 성도의 견인은 은혜이지만 동시에 우리의 의무이기이기도 합니다. 하나님께서 나를 붙드셔서 천국에 가게 하시겠지만 나도 힘을 다해서 천국에 가도록 노력을 해야 한다는 것입니다. 그렇지 않으면 하나님을 시험하는 자가 되는 것입니다.

우리는 온 힘을 다해서 우리의 영적 행위를 통해서 노력해야 합니다. 하나님께서 우리를 지키는 데 실패하신다는 것은 불가능합니다. 반드시 우리를 이끌어서 천국에 데려가실 것입니다. 그러나 우리 주님의 은혜를 붙들고자 하는 그 노력이 우리에게도 필요한 것입니다.

이러한 신앙의 확신은 기도에 의해서, 하나님의 약속을 묵상하고 의지함으로써, 또는 성령의 능력을 힘입어서 선행의 열매를 맺고, 전도의 열매를 맺도록 헌신함으로써 유지되고 성장합니다.

7. 신앙 확신에 대한 일곱 가지 테스트

일곱 번째로 신앙 확신에 대한 일곱 가지 테스트를 제가 말씀드리겠습니다. 하나님의 아들 예수 그리스도의 복음을 참되게 받고 신앙에 대한 확신을 가진 자는 대체로 다음 일곱 가지 테스트를 통해서 자신의 신앙을 점검할 수 있다고 봅니다.

첫째, 하나님의 말씀이 의심 없이 믿어지고 기도하기를 원하는가? 참된 신앙은 하나님을 믿고자 애쓰는 것이 아니라 믿어지는 것입니다. 안 믿어지니까 "믿습니다. 믿습니다" 노력하는 것이 아닙니다. 그냥 믿어지는 것입니다. 또한 참된 신앙을 가진 자들은 기도하는 본능을 갖고 있습니다. 왜 그러느냐? 신앙은 기도를 동반하기 때문에 그렇습니다.

기도는 신앙의 실천이기 때문에 그렇습니다. 그러면 기도하지 않는 자는 신앙이 없다는 소리입니다. 말로만 있다고 그러는데 기도하지 않는다 그러면 그것은 실체가 없는 신앙입니다. 명목적 신앙입니다.

둘째, 하나님에 대하여 두려워하는 우리 본래 상태와 하나님에 대한 우리의 적대감이 사라졌는가? 하나님의 아들 예수 그리스도를 믿지 않는 자는 지옥 심판에 처하시는 하나님에 대한 두려움과 적의가 사라졌는가? 그리고 그분을 확실하지는 않지만 그래도 좀 사랑하는가? 마음과 목숨을 다해서 사랑을 원하고 사랑하는가?

셋째, 자기의 죄에도 불구하고 하나님께서 자기를 사랑하신다는 것을 아는 사람이라고 주장하는가? 나는 확실한 죄인이지만 그래도 주님은 나를 사랑하신다 이런 확신이 있는가?

넷째 자기 양심의 송사에 대하여 답할 수 있는가?

다섯째, 마귀의 송사에 대해서도 확고히 거부하여 대답할 수 있는가? 믿음은 마귀가 그 모든 싸움을 걸어올 때마다 싸워야 하는 것입니다. 믿음의 선한 싸움을 싸워야 됩니다.

여러 가지로 '너 같은 놈이 무슨 구원받아!' 이런 식으로 별별 소리를 다하면서 은근히 이상한 생각을 통해서 사탄이 공격해 옵니다. 그럴 때 "예수 이름으로 사라져라 내 죄 때문에 십자가에서 주님이 죽으신 것이다"라고 이렇게 확실하게 대답할 수 있는 확신들이 있어야 됩니다.

여섯째, 더 이상 죽음과 심판을 두려워하지 않는가? 당연한 얘기입니다.

일곱째, 죄에 빠질 때라도 위에서 말한 모든 것을 긍정할 수 있는가? '내가 죄에 빠졌으니 이제 나는 끝났어!' 그런 것이 아니라 그래도 일어나서 '주님은 이 악한 죄인이지만 그래도 나를 사랑하신다!' 이렇게 믿으면서 회개하고 일어서는 것입니다.

참된 구원의 신앙의 확신을 가진 자는 위의 일곱 가지 신앙테스트를 "네!" 이렇게 대답하고 통과할 수 있을 것입니다.

8. 신앙 확신의 결여 및 감정적인 체험 여부

마지막으로 신앙 확신의 결여 및 감정적인 체험 여부를 알아보고 이제 결론을 마치고자 합니다.

1) 신앙 확신의 결여(딤후 2:19)

온전한 신앙 확신이 없어도 그리스도인일 수가 있는가? 개혁주의 신학에서는 이 사실을 인정합니다. 구원에 관해서는 하나님의 측량할 수 없는 지혜에 속한다고 보기 때문입니다.

디모데후서 2:19에 보면 "주께서 자기 백성을 아신다" 하고 말씀합니다. 구원은 전통적인 교리 체계를 통해서 얻는 것이 아닙니다. 참되게 예수님을 하나님의 아들 그리스도로 믿으며 십자가에서 내 죄를 대신 담당하여 죽으시고 부활하신 예수님을 구주로 믿으면 구원을 얻습니다.

그러므로 전통 신학 체계를 따르지 않는 자는 구원을 확신할 수 없다고 함부로 말해서는 안 됩니다. 심지어 전통 신학을 확실하게 갖고 있기 때문에 구원 얻었다! 그것도 따를 수가 없습니다. 신학 가지고 구원 얻는 것이 아니라 참되게 예수님을 하나님의 아들 그리스도로 믿는 믿음을 가지고 구원을 얻기 때문에 그렇습니다. 신학자들 중에 여러분보다 믿음이 없는 사람이 수없이 많습니다. 신학자 중에는 학문으로만 신학을 하고 하나님의 은혜로 받는 신앙을 못 가진 사람이 많이 있습니다.

그래서 성경의 신뢰성을 신학 평가의 시금석으로 삼을 때, 자기들의 신학과 다른 신학의 사람들의 구원 여부까지 판단하는 것은 삼가야 합니다. 세상에는 신학적으로 자유주의자이면서 진실된 그리스도인이 많이 있습니다. 각 개인의 신자인 여부는 예수님을 그리스도로 마음 중심에 믿는 여부에 달려 있고 신학적인 견해에 있는 것이 아니기 때문입니다. 신자에게 있어서 항상 그의 신학이나 도덕이 일치하지는 않는 것입니다.

신자이면서 도덕적으로 추태를 부리면서 사는 사람이 있는 것처럼 신자이면서 그릇된 신앙을 신봉할 수도 있습니다. 그러므로 신자도 저급한 자유주의 신학이나 저급한 도덕관을 갖거나 혹은 양자를 아울러 소유하고서도 여전히 신자로 머물 수가 있다는 사실을 알고 신자의 구원 여부와 확신에 관해서 우리는 함부로 정죄해서는 안 될 것입니다.

그러나 신앙 확신이 결여된 자는 예수 그리스도의 복음 진리를 바르게 깨닫고 순종의 삶을 적극적으로 살아가야 할 것입니다. 참된 확신이 생기는 어느 날이 곧 오게 될 것입니다. 왜 그러느냐? 하나님께서는 신자의 신앙 확신을 원하고 계시기 때문에 그렇습니다.

2) 신앙 확신과 감정적인 체험 여부(시 51:12, 시 32:4-5)

구원의 확신과 구원의 기쁨에 대한 감정적인 체험은 항상 일치하는 것이 아닙니다. 구원의 즐거움은 우리의 행위와 불가분하게 관계됩니다. 원칙적으로 여러분이 참된 신앙을 확신한다 그러면 감정적으로 기쁨과 감격이 있습니다. 여러분이 천국에 가는 것을 확신한다 그러면 기쁩니다. 그러나 이러한 체험은 구원의 확신과 항상 일치하지 않는 때도 있다는 것입니다.

구약성경에 보면 다윗은 간음죄와 살인죄로 말미암아 구원의 즐거움을 잃게 되었습니다. 시편 51:12에 보면 다윗은 다음과 같이 기도했습니다.

> 주의 구원의 즐거움을 내게 회복시켜 주시고 자원하는 심령을 주사 나를 붙드소서.

하나님의 자녀는 하나님의 구원의 기쁨, 즉 하나님과 구주 예수 그리스도, 그리고 영생의 소망 안에 있는 기쁨 외에는 참되고 견고한 기쁨을 모르고 삽니다. 그러나 악한 죄로 인하여 우리는 이 기쁨을 박탈당하며 빼앗길 때가 있습니다. 그러나 그렇다고 그래서 우리가 구원 자체를 빼앗긴 것은 아닙니다.

다만 우리와 하나님 사이의 죄가 하나님과 우리 사이의 아름다운 교제를 박탈합니다. 그래서 다윗은 그의 죄로 인하여 그에게 오는 하나님과 교제 회복의 즐거움을 구하고 있었던 것입니다.

시편 32:3-4에도 보면 다윗은 그의 죄를 회개하지 아니하였을 때에 오는 고통을 이렇게 고백했습니다.

> 내가 입을 열지 아니할 때에 종일 신음하므로 내 뼈가 쇠하

였도다 주의 손이 주야로 나를 누르시오니 내 진액이 빠져서 여름 가뭄에 마름 같이 되었나이다(시 32:3-4).

그래서 5절에서 회개하고 구원의 즐거움을 회복하고 있습니다.

내가 이르기를 내 허물을 여호와께 자복하리라 하고 주께 내 죄를 아뢰고 내 죄악을 숨기지 아니하였더니 곧 주께서 내 죄악을 사하셨나이다(시 32:5).

그러므로 복음을 받은 신자가 하나님의 말씀을 어기고 내주하고 계시는 성령의 소욕을 따르지 않을 때, 구원의 즐거움은 사라집니다. 구원의 확신과 그 확신에 따르는 기쁨, 곧 감정적인 체험은 항상 일치하는 것은 아닙니다.

그러므로 여러분 안에 뭔가 즐거움이 없다 그러면 여러분은 즉시 하나님 말씀에 순종해야 합니다. 혹시 회개할 것이 없는가? 자신을 돌아보아 회개하며 살아가다 보면 구원의 즐거움을 회복하게 될 것입니다. 구원받은 신자는 회개해서 하나님의 말씀에 순종하고 또 그 말씀을 지키면서 성령의 인도를 따라 살아감으로 구원의 즐거움을 회복시킬 수가 있는 것입니다.

9. 결론: 신앙 확신은 신자의 의무이며, 신앙 확신은 성장해야 한다

지금까지 신앙과 확신에 관한 말씀을 여러분이 들었습니다. 말씀을 정리하면서 마치고자 합니다.

예수님은 그리스도시오 살아계신 하나님의 아들이십니다. 예수님이 하나님의 아들 그리스도시라는 증거로 십자가에서 우리 죄를 대신해서 피 흘려 죽으시고 죽은 자들 가운데서 부활하셨습니다. 이 죽음과 부활의 복음으로 저와 여러분의 인생의 모든 문제가 처리되고 해답을 얻습니다. 그래서 이 복음으로 참되게 우리는 깊은 뿌리를 내려야 할 것입니다. 이 복음으로 깊이 뿌리내리기를 기원합니다.

복음을 받은 모든 그리스도인은 구원의 확신을 가지며, 또한 반드시 가져야 합니다. 예수님을 하나님의 아들 그리스도로 믿는 자는 자신이 구원을 받았고, 또 지금 당장 죽는다 해도 예수님이 계신 천국에 가게 된다는 것을 완전히 믿는 것입니다.

십자가 위에서 이루어진 그리스도의 공로로 인하여 영생을 얻게 된 것과 영원토록 하나님께서 구원해주실 것을 언제든지 믿는 것입니다. 죄사함을 얻고 영생을 얻은 것을 확신하는 것입니다.

역사를 통해서 볼 때에 그리스도 교회의 힘은 바로 모든 그리스도인들이 자신들에게 영생이 있음을 분명히 아는 데 있었습니다. 영생이 있음을 알지 못하는 신자는 신앙의 성숙을 기대할 수가 없습니다. 신자는 마땅히 구원의 확신을 가져야 합니다.

더 나아가서 신자의 구원의 확신은 성장해야 합니다. 여러분이 작년에 가졌던 구원의 확신과 금년에 가진 구원의 확신이 성장해 있어야 합니다. 그러면 내년에는 더 성장해야 합니다. 신자의 구원의 확신이 성장하지 못하고 있다는 것은 신앙의 정체나 퇴보이며 신앙이 바르지 못하고 있다는 증거인 것입니다.

여러분 모두가 예수님을 하나님의 아들 그리스도로 믿고 성령의 충만을 구할 것입니다. 성령의 능력으로 구원의 확신과 소망이 넘치도록 기도해서 이 구원의 감격을 감정적으로 체험하면서 증인으로 살아가기를 주님의 이름으로 축원합니다.

> 살아계신 아버지 하나님, 하나님 은혜를 감사합니다. 하나님께서 신자로 하여금 구원받은 사실을 확신할 수 있는 여러 가지 말씀과 성령의 내주 인도 역사, 우리 삶의 변화를 통해서 확신시켜주시는 말씀을 우리가 듣게 하고 이것을 믿게 한 것을 감사합니다.

신앙의 본질 속에는 반드시 확신이 포함되기 때문에 우리 하나님께서는 우리가 신앙의 확신을 가져야함을 말씀하고 있는 것을 우리가 들었습니다. 아버지 하나님, 오늘도 이들은 말씀의 확신을 가지면서 신앙의 확신을 우리가 의심하지 않고 하나님 아버지의 진리의 말씀을 굳게 의지하면서 우리의 신앙의 확신이 증가되어지고 성장할 수 있도록 축복해주시기를 기도합니다.

때로 우리에게 신앙 확신에 의한 감격적인 기쁨이 없을 수도 있지만 그런 감격에 일치하는 여부를 떠나서 진리의 말씀 때문에 우리가 확신을 갖는 것이기 때문에 우리는 회개할 것은 회개하고 순종할 것은 순종하며 전도자의 삶을 살아갈 때에 새롭게 우리가 주관적인 확신의 감격을 누리며 살아가도록 도와주시기를 기도합니다.

오늘 한 사람도 그리스도 밖에 있음으로 인해서 신앙 확신을 갖지 못하면서 살아가는 자가 없도록 우리 하나님께서 우리 모든 성도들을 축복하시고 이 구원의 확신을 가지고 세상 속에 나가서 확신있게 예수님이 그리스도시라는 소망의 그리스도를 전도하며 사는 귀한 전도자로 축복하여 주옵소서. 예수 그리스도 이름으로 기도하옵나이다. 아멘

저자 소개 임덕규

육군사관학교 졸업
서울대학교 법대 및 동대학원 졸업(법학박사)
대한신학교 졸업
아세아연합신학대학원 졸업(M.A., M.Div.)
육군사관학교 법학과 교수 역임
대한예수교장로회(대신) 충성교회 담임목사
* 홈페이지: http://onlychrist.onmam.com
App: "충성교회", 혹은 "충성복음교회"로 검색

임덕규 신앙강좌 시리즈

1. 신구약을 관통하는 그리스도(복음공과)
임덕규 지음/ 신국판/ 352면
신구약을 관통하는 그리스도를 드러내어 예수님이 하나님의 아들 그리스도이심을 믿고 인생 모든 문제의 답을 얻도록 하기 위한 교재이다.

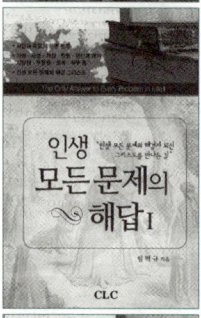

2. 인생 모든 문제의 해답 I
임덕규 지음/ 신국판/ 360면
인생의 구체적인 문제들을 복음의 관점에서 다루며 인생 모든 문제의 해결자이신 그리스도를 만나는 길과 복음의 본질에 대하여 자세히 안내한다.

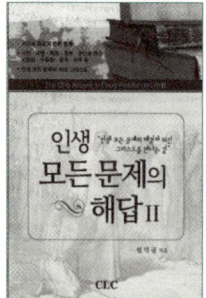

3. 인생 모든 문제의 해답 II
임덕규 지음/ 신국판/ 368면
복음과 구원의 서정과 확신에 대하여 성경적으로 교리적으로 설명하고, 전도와 선교, 그리고 교회 절기와 교회 생활 등 실제적인 내용을 다룬다.

4. 인생 모든 문제의 해답 Ⅲ
임덕규 지음/ 신국판/ 352면

그리스도인의 성숙한 가치관과 인격에 대하여 다루고 그리스도인이 불신 세상을 향하여 변증할 수 있도록 타종교와 일반 학문에 대한 평가를 다룬다.

5. 복음과 성령충만 Ⅰ
임덕규 지음/ 신국판/ 298면

복음과 성령충만의 의미와 본질에 대하여 바로 이해하고 성령충만의 방법, 체험에 관하여 제대로 배워서 복음전도를 잘 감당하도록 돕는다.

6. 복음과 성령충만 Ⅱ
임덕규 지음/ 신국판/ 300면

구약에서 선포된 복음에 대하여 설명하고 복음과 성령의 사역 그리고 복음과 그리스도인의 신앙의 관계를 다루며 성령충만의 실제 모습을 보여준다.

7. 하나님을 만나는 길
임덕규 · 박철동 지음/ 신국판/ 376면

성경의 핵심인 그리스도의 피의 희생제사를 통해 인간이 하나님께 나아갈 수 있고, 하나님을 만날 수 있다는 진리를 전해주고 있다.

8. 신구약을 관통하는 그리스도(완결편)
임덕규 지음/ 신국판/ 472면

조직신학적 관점에서 그리스도를 알고 그리스도의 복음 체질로 변화되어 삶에서 복음의 능력을 나타내는 권능 있는 증인이 되도록 돕는다.

9. 언약과 그리스도의 복음
임덕규 지음/ 신국판 양장/ 304면

성경의 3가지 언약 곧 구속 언약, 행위 언약, 은혜 언약의 관점에서 구속사의 흐름을 따라 하나님의 언약과 그리스도의 복음을 기술하였다.

10. 구원 얻는 신앙이란 무엇인가?
임덕규 지음/ 신국판 양장/ 264면

개혁주의 관점에서 유사(類似) 신앙을 분별하고 구원 얻는 참된 신앙의 본질과 기능과 종류 그리고 확신에 대해 바로 알 수 있도록 저술하였다.

복음이란 무엇인가 시리즈

복음이란 무엇인가? 1
예수, 그는 누구신가?
임덕규 지음/ 46판/ 72면

평신도 전도용으로 쉽게 예수님이 누구신지에 대해서 저술하고 있다. 예수 그리스도는 구원의 주로서 그리스도시요, 살아계신 하나님의 아들이다.

복음이란 무엇인가? 2
예수, 그는 무엇을 하셨는가?
임덕규 지음/ 46판/ 120면

그리스도의 죽음과 부활은 구약성경에 이미 수천 년 전에 예언되어 있었고, 그 예언대로 예수님이 이 세상에 오셔서 성취하셨다. 이 진리를 확신하는 사람은 구원을 얻는다.

복음이란 무엇인가? 3
예수는 그리스도
임덕규 지음/ 46판/ 88면

신·구약 성경의 주제는 한마디로 "예수 그리스도"이다. 예수는 "하나님의 아들 그리스도"이시며 또한 제사장, 선지자, 왕의 세 가지 직함을 이루신 그리스도이시다.

복음이란 무엇인가? 4
세상의 빛, 그리스도
임덕규 지음/ 46판/ 88면

복음의 빛을 받는다는 의미를 참되게 깨달아, 마음에 그리스도의 빛을 받고 세상의 빛이 되어 어둔 세상에 그리스도의 은혜를 비추어 증거하는 증인이 되도록 도전한다.

복음이란 무엇인가? 5
청년의 때에 예수를 만나라
임덕규 지음/ 46판/ 88면

솔로몬 왕은 청년의 때에 너의 창조주를 기억하라고 권고했다. 즉 본서는 젊을 때에 예수님을 창조주 하나님으로 믿고 인격적으로 예수님을 만나야 한다고 권고한다.

복음이란 무엇인가? 6
로마법과 그리스도의 십자가
임덕규 지음/ 46판/ 168면

그리스도의 재판 절차를 통해 당대 세계 최고인 로마법에 의해 실상 그리스도의 무죄가 입증되었음과 그리스도의 죽음이 인류의 구속을 위한 역사적 사건임을 보여준다.

복음이란 무엇인가? 7
하나님 체험 · 말씀(그리스도) 체험
임덕규 지음/ 46판/ 104면

말씀을 통해 하나님을 만나고 체험한 신앙의 인물들과 성경, 교회사 속의 인물들을 보여주며 진리의 말씀되신 그리스도를 체험하여 세상의 빛으로 살아갈 것을 촉구한다.

복음이란 무엇인가? 8
발 씻기심의 복음
임덕규 지음/ 46판/ 160면

예수님의 발 씻기심은 겸손과 섬김의 본을 위한 것이 아니라 죄 사함의 십자가 복음이다. 십자가 사랑과 죄 사함을 바로 깨달아 자유인이지만 종으로 섬김의 삶을 살 것을 촉구한다.

복음이란 무엇인가? 9
염려하지 말라 예수가 그리스도다
임덕규 지음/ 46판/ 184면

염려를 단순하고 명확한 실제이자 세력으로 정의하며, 이 세력을 상대하기 위한 해결책을 제시한다. 그것은 바로 하나님과 그의 아들 예수 그리스도를 믿는 믿음이다.

복음이란 무엇인가? 10
오직 한 길
임덕규 지음/ 46판/ 136면

그리스도는 하나님께 나갈 수 있는 유일한 길과 진리이며 생명이다. 그리스도에 대한 참된 믿음으로 영생을 소유할 뿐 아니라 현재 삶에서도 참된 행복을 누리기를 권면한다.

복음이란 무엇인가? 11
그리스도와의 연합과 그 열매들
임덕규 지음/ 사륙판 양장 / 296면

그리스도와의 연합은 성령의 역사로 이루어지며, 이를 통해 신자의 구원이 시작되고, 사랑의 열매를 맺을 수 있기에 구원의 핵심 진리라고 설명한다.

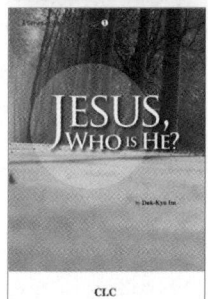

복음이란 무엇인가? 12
개혁주의 기독교와 천주교 무엇이 다른가?
임덕규 지음/ 사륙판 양장/ 168면

타종교를 포섭하기 위해 위장된 모습을 보이는 천주교의 실상을 개혁주의 기독교와 비교하면서 일반 독자들도 알기 쉽게 설명하고 있다.

A Series of What is the Gospel 1
Jesus, Who is he?(『예수 ,그는 누구신가?』, 영문판)
Duk-Kyu Im / 80p / 128X188

The above title explains evidently the character of Jesus Christ as the Son of God and also his ministry and achievement that introduce salvation to human beings.

구원 얻는 신앙이란 무엇인가?

What is the Saving Faith?
The Essence, Function, Kind and Assurance of Faith

2015년 09월 30일   초판 발행

지은이 | 임덕규

편   집 | 전희정
디자인 | 이수정
펴낸곳 | 사)기독교문서선교회
등   록 | 제16-25호(1980. 1. 18)
주   소 | 서울시 서초구 방배로 68
전   화 | 02) 586-8761~3(본사) 031) 942-8761(영업부)
팩   스 | 02) 523-0131(본사) 031) 942-8763(영업부)
홈페이지 | www.clcbook.com
이메일 | clckor@gmail.com
온라인 | 기업은행 073-000308-04-020, 국민은행 043-01-0379-646
         예금주: 사)기독교문서선교회

ISBN 978-89-341-1487-1 (03230)

※ 낙장·파본은 교환해 드립니다.

이 도서의 국립중앙도서관 출판시 도서목록(CIP)은 서지정보유통지원시스템 홈페이지(http://seoji.nl.go.kr)와 국가자료공동목록시스템(http://www.nl.go.kr/kolisnet)에서 이용하실 수 있습니다. (CIP제어번호: CIP2015023742)